U0910953

SCHOOL

薄弱学校文化变革研究

■ 邓亮◎著

CHANGE

中国社会科学出版社

图书在版编目(CIP)数据

薄弱学校文化变革研究/邓亮著.—北京：中国社会科学出版社，2019.10

ISBN 978-7-5203-5059-4

Ⅰ.①薄… Ⅱ.①邓… Ⅲ.①校园文化—建设—研究 Ⅳ.①G47

中国版本图书馆CIP数据核字（2019）第204059号

出 版 人 赵剑英
责任编辑 陈雅慧
责任校对 王 斐
责任印制 戴 宽

出 版 中国社会科学出版社
社 址 北京鼓楼西大街甲158号
邮 编 100720
网 址 http://www.csspw.cn
发 行 部 010-84083685
门 市 部 010-84029450
经 销 新华书店及其他书店

印 刷 北京明恒达印务有限公司
装 订 廊坊市广阳区广增装订厂
版 次 2019年10月第1版
印 次 2019年10月第1次印刷

开 本 710×1000 1/16
印 张 11.75
字 数 164千字
定 价 66.00元

序

一直以来，薄弱学校的存在成为制约我国基础教育均衡发展的重要瓶颈，严重影响我国教育公平目标的实现。加快薄弱学校改造，提升薄弱学校办学水平，努力办好每一所学校，为每一位学生提供相对公平的教育资源与条件是我国面临的一项紧迫任务。自 2010 年《国家中长期教育改革和发展规划纲要（2010—2020 年）》提出“切实缩小校际差距，着力解决择校问题。加快薄弱学校改造，着力提高师资水平”以来，我国各级政府与学校高度重视薄弱学校的改造，先后制定了一系列关于薄弱学校改造的政策与文件，全面改善薄弱学校的基本办学条件，不断推进薄弱学校改造工作。与此同时，教育理论界也逐渐关注薄弱学校改造政策的执行以及各级各类学校的改造探索。

本书是在我国全面推进薄弱学校改造的宏观背景下展开的一项具体研究，本研究尝试以学校文化为视角，选取一所薄弱学校作为个案，运用“解剖麻雀”的方式深入探讨这所典型薄弱学校改造的全过程，从而揭示薄弱学校改造的基本规律与特征，为我们了解薄弱学校的改造提供典型个案参考，也为其他薄弱学校的改造提供案例借鉴。本书最早的写作动力来自笔者 2013 年完成硕士学位论文的压力，为了广泛搜集数据资料，对薄弱学校及其改造有更为深刻的认识与了解，笔者在广州的个案学校进行了长达半年的实地调研，与个案学校校长、教师和学生进行了深入访谈，并不断查阅相关文献，调整写作的思路。在调研与写作的过程中，笔者不断进行反思，同时广泛听取相关专家的意见，对薄弱学校改造的理解更为深入，同时也逐渐对薄弱学校改造的相关研究产生了浓厚的兴趣。2016 年参加工作后，笔者继续围绕薄弱学校改造问题进行深度思考和系统研究，并以薄弱学校改造为主题成功申请了两个基金项目。以研究项目为依托，笔者对薄弱学校的改造进行了更为深入和系统的思考，并对江西省的几所农村薄弱学校进行了实地调研，就薄弱学校的生存现状、改造阻力与改造策略等进行了访谈。在这一系列实际调研和理论思考的基础上，为了有效呈现研究的发现与成果，笔者开始了本书的写作。在写作过程中，课题组成员为本书的写作思路与写作框架提供了诸多有效的建议，个案学校的曾校长为本书的写作提供了丰富的写作材料，在此向他们表示衷心的感谢。

本书以学校文化为视角来探讨薄弱学校的改造，呈现薄弱学校物质文化、制度文化、行为文化和精神文化变革的全过程，对薄弱学校改造的成效进行了系统分析，并针对薄弱学校文化变革进行了理性思考，从政府、学校以及社会三个层面提出了薄弱学校改造的策略与建议。本书丰富了薄弱学校改造与学校文化建设的相关研究成果，对人们了解薄弱学校改造的过程与策略具有重要的参考价值，也为后续的相关研究奠定了理论基础。

最后，希望本书能够给广大读者带来帮助与思考，增长学识与见识。本书存在的不足之处还请读者朋友进行批评与指正。期望我国的薄弱学校都能得到有效的改造，让每一名学生都能享受到公平而优质的教育。

邓　亮

2019 年 5 月 20 日

目　　录

第一章　绪论 …………………………………………………… (1)
　第一节　研究缘起 ……………………………………………… (1)
　第二节　研究的目标和意义 …………………………………… (8)
　第三节　文献综述与核心概念界定 ………………………… (11)
　第四节　研究的理论基础 …………………………………… (31)

第二章　研究设计…………………………………………………… (36)
　第一节　研究的思路与框架 ………………………………… (36)
　第二节　研究方法 …………………………………………… (38)
　第三节　研究对象 …………………………………………… (41)
　第四节　研究过程 …………………………………………… (49)
　第五节　研究的效度与伦理道德问题 ……………………… (53)

第三章　薄弱学校文化变革的路径探索 ………………………… (55)
　第一节　学校物质文化变革的过程 ………………………… (56)
　第二节　学校制度文化变革的过程 ………………………… (73)
　第三节　学校行为文化变革的过程 ………………………… (87)
　第四节　学校精神文化变革的过程 ………………………… (98)

第四章　薄弱学校文化变革的成效 ……………………………… (107)
　第一节　学校文化变革的总体成效 ………………………… (107)

第二节 学校物质文化变革的成效 …………………………… (115)
第三节 学校制度文化变革的成效 …………………………… (119)
第四节 学校行为文化变革的成效 …………………………… (122)
第五节 学校精神文化变革的成效 …………………………… (126)

第五章 薄弱学校文化变革的理性思考 ………………………… (133)
第一节 政府在薄弱学校的改造中应该有所作为 …………… (134)
第二节 薄弱学校自身应在改造中奋发有为 ………………… (140)
第三节 社会在薄弱学校的改造中大有可为 ………………… (148)

结 语 ……………………………………………………………… (154)

附 录 ……………………………………………………………… (157)
附录一 学校文化满意度调查问卷(教师) …………………… (157)
附录二 学校文化满意度调查问卷(学生) …………………… (158)
附录三 校长访谈提纲 ………………………………………… (160)
附录四 学校相关制度安排 …………………………………… (161)
附录五 教师日志 ……………………………………………… (166)

参考文献 ………………………………………………………… (169)

后 记 ……………………………………………………………… (179)

第一章　绪论

第一节　研究缘起

一　研究背景

（一）薄弱学校改造成为促进教育均衡发展与实现教育公平的关键手段

教育公平一直是世界各国教育发展的价值追求和指导思想，它是社会公平理念在教育领域内的体现和延伸。一般而言，教育公平包括受教育权利的平等与受教育机会的均等两个方面，也就是说应该让所有的适龄儿童都能享有受教育的基本权利，且接受质量大致相同的教育，同时也应该具有适合儿童个性差异的教育方式。从我国古代孔子的“有教无类”思想，到西方柏拉图自由教育的民主思想，自古以来，东西方对于教育公平的探索与追求一直没有停过。① 尤其是20世纪后半叶以来，以“公平”为主要价值取向的教育改革方兴未艾，并逐步在全球范围内引发连锁反应，均衡发展已经成为学校教育变革的主要趋势之一。② 我国改革开放的四十年里，教育事业有了长足的发展，取得了举世瞩目的成就。然而长期以来，因为历史和现实的原因，我国基础教育领域出现了不少薄弱学校，尤其是在20世纪90年

---

① 吴永军：《教育公平：当今中国基础教育发展的核心价值》，《教育发展研究》2012年第18期。

② 杨小微、叶澜等：《全球化进程中的学校变革——一种方法论视角》，华东师范大学出版社2004年版。

代之后，我国教育系统受到市场经济体制的影响，不同地区的经济发展差距和同一地区校际资源的差异，使得强校更强，弱校更弱。薄弱学校是我国基础教育发展不均衡的产物，其存在不仅制约人们接受优质教育的愿望的实现，而且使"就近入学"政策难以实施，引发"高收费"和"择校热"等一系列社会问题。可以说薄弱学校的广泛存在是我国实现教育公平的最大瓶颈，要促进基础教育的均衡发展，实现教育公平的目标，关键在于加强薄弱学校的改造与转型，提升薄弱学校的办学水平，缩小校际差距。此外，薄弱学校的存在体现了我国教育资源分配不合理和利用不充分的现实。因此，加强薄弱学校的改造，是缩小学校之间办学水平差距的必然要求，是全面贯彻《教育法》《义务教育法》，依法维护我国义务教育的普及性，巩固"普九"成果、提高"普九"水平的有效措施；是推进小学毕业生免试就近升入初中，缓解"择校"问题的治本之策；是全面贯彻教育方针，实施素质教育，全面提高教育质量的重要举措；是实现教育公平，推动基础教育均衡、持续发展的重要力量。针对薄弱学校的现状及问题，我国各级各类政府部门不断出台相关的政策文件来加强薄弱学校的改造。我国教育部颁布的《国家中长期教育改革和发展规划纲要(2010—2020年)》明确提出，"均衡发展是义务教育的战略性任务，切实缩小校际差距，着力解决择校问题，加快薄弱学校改造"。① 此后，我国各地方政府也不断出台一系列促进义务教育均衡发展的政策文件，从地方政府层面来改造所辖地区的薄弱学校。

薄弱学校不是我国特有的现象，世界各国都不同程度地存在薄弱学校，各国政府都采取了诸多改进措施促进基础教育的均衡发展。有学者指出，"薄弱学校改进是一个世界性的课题，它是实现教育公正必须解决的问题"。② 美国早在20世纪60年代就注意到学校之间均衡

---

① 中华人民共和国教育部：《国家中长期教育改革和发展规划纲要（2010—2020）》，2010年。

② 周兴国：《薄弱学校改进的困境与出路：制度分析理论的视角》，《教育发展研究》2010年第4期。

发展的问题，并通过颁布教育法案来扶持和改造办学条件差的薄弱学校；英国在 1997 年和 2003 年分别实施了“教育行动区”计划和“伦敦挑战”项目；法国实施的“优先教育区计划”是一项改进农村或城市经济文化落后地区薄弱学校的计划；日本和韩国则实施了教师定期流动制。① 由此我们可以看出，世界各国政府都在积极采取措施改进薄弱学校，以实现教育公平。我国政府部门及各级各类学校也在努力改善薄弱学校的基本办学条件，进而推动教育的均衡发展和社会的公平正义。

（二）学校文化是薄弱学校改造的重要突破口

一所学校的发展受到国家政策、教师队伍以及学校生源等诸多因素的影响。办一所成功的学校是所有学校的办学目标，如何让学校成为优质的学校也是每一位校长应该思考的问题。尤其是对于薄弱学校而言，如何让学校摆脱薄弱的困境，让学校走向成功，是每一所薄弱学校师生面临的共同问题。办学校就是办文化，优质学校建设的主要任务之一是学校文化的重建，② 一个学校的发展本质上就是学校文化的形成过程。学者们对于学校文化的内涵虽然有不同的看法，但是关于学校文化对学校发展的重要作用却达成了共识。学校文化看不见、摸不着，但是却有着巨大的凝聚力、推动力和创造力，对学校的发展起着至关重要的作用。从学校文化的内涵，我们可以看出学校文化是学校全体成员共同创造的，同时学校文化影响着人们的观念和行为。优质的学校文化对于学校的发展起着重要的推动作用，同理，落后的学校文化也将严重影响学校的进步与发展。通过对薄弱学校现实状况的调研与分析可以发现，学校文化是影响与限制薄弱学校发展的重要因素，有学者甚至提出“薄弱学校崛起的支点在文化”。③ 也就是说，

---

① 李均、郭凌：《发达国家改造薄弱学校的主要经验》，《外国中小学教育》2006 年第 11 期。

② 谢翌、马云鹏：《重建学校文化：优质学校建构的主要任务》，《华东师范大学学报》（教育科学版）2006 年第 3 期。

③ 陈红光：《薄弱学校崛起的支点在文化》，《华夏教师》2013 年第 10 期。

薄弱学校之所以薄弱，不仅仅是硬件上薄弱，更重要的是软件上也薄弱，如领导班子管理效率低下、教师缺乏工作积极性、师生关系紧张、学习风气不浓等。这些现象的出现与学校文化之间有着密切的关系，学校文化影响和决定着全校师生的行为方式和精神面貌。

学校文化是一所学校的灵魂和基础，它关系到这个学校的兴衰成败，对这个学校的发展具有重大意义，在教育竞争特别激烈的今天，一个学校如果没有符合自己发展的特色文化，就好像失去方向的帆船，会在教育改革的大潮中漂浮不定，从而面临被淘汰的危险。① 当前我国薄弱学校的薄弱主要体现在办学条件、教学质量、管理风格和教育理念上的综合竞争力薄弱，尤其是以"学校文化"为特征的"软实力"很弱是薄弱学校之所以"薄弱"的关键所在。② 所以，要从根本上改变薄弱的现状，基础设施的改善是基础，根本的还在于加强学校文化建设。也就是说，学校文化的改变是薄弱学校改造的重要突破口，薄弱学校成功改造的关键是针对学校文化进行变革，因为学校文化是学校的根基与灵魂。在薄弱学校的改造中，关注学校文化的变革尤其具有特殊意义。通过对中小学校现实的观察与了解，可以发现中小学校的管理者特别重视学校文化的建设，尤其是学校特色文化建设在我国中小学进行得如火如荼，每个管理者都希望学校能形成具有特色的学校文化，从而引领学校向前发展。我国学者对40位教管人员的访谈结果显示："教管人员均认为，学校文化对于学校的发展具有导向、约束、激励和辐射的作用。"③ 因此，学校管理者和办学者都高度重视学校文化建设。总之，薄弱学校的文化与薄弱学校的薄弱表现有密切的联系，加强薄弱学校文化建设，有利于改善学校全体成员的思想、观念以及行为，最终促进薄弱学校从根本上得到改造。

---

① 杨继富：《城市化进程中薄弱学校教师文化变革研究——以杭州X学校为例》，硕士学位论文，杭州师范大学，2015年。

② 鲍传友：《学校文化：薄弱学校改进的突破口》，《中国教师》2008年第9期。

③ 张新平、陈粤秀：《何谓优质学校——基于40位教管人员的访谈研究》，《教育发展研究》2011年第10期。

（三）相关政策的出台成为薄弱学校改造研究的现实背景

推进义务教育公平发展是我国21世纪教育发展的重要目标，薄弱学校的广泛存在严重影响我国教育公平目标的实现，尤其是在我国偏远农村和贫困地区的孩子难以享受到优质和公平的教育资源，影响孩子未来的健康成长及持续发展。我国政府部门高度重视薄弱学校的改造，不断缩小教育的城乡、地区与学校之间的差异，各级各类政府部门为薄弱学校的改造与教育均衡发展出台了一系列政策。为全面落实《国家中长期教育改革和发展规划纲要（2010—2020年）》，统筹城乡义务教育资源均衡配置，加快缩小区域、城乡教育差距，促进基本公共教育服务均等化，2013年我国教育部、国家发展改革委和财政部提出了《关于全面改善贫困地区义务教育薄弱学校基本办学条件的意见》。[①] 为贯彻落实《关于全面改善贫困地区义务教育薄弱学校基本办学条件的意见》，促进全面改善贫困地区义务教育薄弱学校基本办学条件实施过程的公开、透明，全国改薄办制定了《全面改善贫困地区义务教育薄弱学校基本办学条件信息公开公示暂行办法》[②]。为规范和加强农村义务教育薄弱学校改造补助资金管理，提高资金使用效益，支持做好全面改善贫困地区义务教育薄弱学校基本办学条件工作，2015年我国财政部、教育部联合印发了《农村义务教育薄弱学校改造补助资金管理办法》，[③] 为薄弱学校改造提供资金支持。国务院及各部委为改造薄弱学校出台了一系列的相关政策，并积极实施。各省市也在这些改造政策的推动下制定了针对本省市的改造政策及具体的实施策略，教育部已经和北京、天津、广东、江西、广西、

---

① 中华人民共和国教育部：《关于全面改善贫困地区义务教育薄弱学校基本办学条件的意见》，http：//old. moe. gov. cn//publicfiles/business/htmlfiles/moe/s3321/201312/161635. html，2013年12月31日。

② 中华人民共和国教育部：《全面改善贫困地区义务教育薄弱学校基本办学条件信息公开公示暂行办法》，http：//www. moe. edu. cn/jyb_ xwfb/xw_ 185694. html，2015年2月6日。

③ 中华人民共和国财政部：《关于印发〈农村义务教育薄弱学校改造补助资金管理办法〉的通知》，http：//jkw. mof. gov. cn/zhengwuxinxi/zhengcefabu/201502/t20150202_ 1187126. html，2015年1月23日。

河南等16个省（区、市）签署了义务教育均衡发展备忘录，敦促各地因地制宜制定义务教育均衡发展规划，就发展目标、保障措施等作出具体规划。① 上海市启动的“中小学达标工程”，沈阳市以22所薄弱初中为试点学校建立以校长、教师交流制度为核心的教育管理模式。“改薄”工程声势浩大，沈阳、上海、天津、苏州、广州等地政府采取撤销、兼并、合并、挂钩、联办、改制等方法，结合当地实际情况，有计划地对薄弱学校在领导班子建设、师资配备、基础设施建设等方面给予倾斜政策，为薄弱学校的发展创造了良好的条件。可以说，近几年关于薄弱学校改造的政策层出不穷。政策的推动让薄弱学校的改造成为社会各界关注的焦点，这也成为我们研究薄弱学校改造的现实背景。

来自国家、省市以及县政府部门的各类关于推动薄弱学校改造的政策为薄弱学校的发展创造了良好的外部政策环境，通过这些措施，我国薄弱学校的硬件设施建设方面有了较大的改变，但这些政策如何更好地落地，如何全方位地推进薄弱学校的改造与发展，更值得学者和学校管理者进行关注与思考。因此，在这种大政策背景之下，本书更为关注微观的学校层面如何具体实现薄弱学校的转型发展，通过学校的努力也促使政策制定者制定更科学、合理的改造政策，帮助广大薄弱学校实现转型发展，促进我国义务教育均衡发展。

二　问题的提出

薄弱学校改造一直是我国普及义务教育中的难点和热点问题，薄弱学校是制约我国基础教育发展的瓶颈，它严重影响我国基础教育，特别是义务教育的整体质量和发展水平。薄弱学校的广泛存在，不仅不利于我国教育政策的落实，而且在一定程度上扩大了校际办学水平的差距，引发学校之间的不正常竞争，进而引发“择校热”

① 中华人民共和国教育部：《构建共同推进义务教育均衡发展新机制》，http：//www.edu.cn/ji_ jiao_ news_ 279/20110321/t20110321_ 589859.shtml，2011年3月20日。

“高收费”等问题。20 世纪 80 年代以来，我国教育行政部门与各级各类学校采取了一系列措施来解决薄弱学校的基础设施建设问题、办学经费问题和生源质量问题。其中，以学校文化变革来促进薄弱学校改造成为教育实践者和教育研究者关注的重点，相关研究成果也在一定程度上发现了学校文化的改变能促进学校发展，但相关的研究缺乏系统性，尤其缺少来自于学校实地研究的证据。这使笔者对该问题充满兴趣，并希望在实践中找到问题的答案。在读研期间，笔者有机会与导师一起到中小学参观与调研，笔者每次都对所调研学校的文化十分感兴趣，并有意识地去了解学校文化的相关情况。与此同时，笔者还通过与熟悉的中小学教师朋友们联系，了解他们所在学校的学校文化，并进一步思考学校文化与学校发展之间的内在关系。结合文献的阅读与实践的思考，笔者发现每个学校都有属于自己的学校文化，学校文化对于学校的发展有着十分重要的影响，但这种影响到底是如何形成及其影响机制是什么，我们并不十分清楚。但总体而言，优质的学校往往具有优质的学校文化，薄弱学校往往其学校文化也不理想。

有鉴于此，笔者开始长期而深入地思考学校文化与薄弱学校转型发展的问题，例如在现实中，薄弱学校与学校文化之间到底有何关联？学校文化变革对于薄弱学校改造有何促进作用？薄弱学校如何通过学校文化的变革来实现学校改造的目标？针对这些问题，笔者不断进行思考，同时将相关研究文献与实地调查所了解的情况相结合，提出薄弱学校文化变革的研究主题，并确定本书的核心问题：学校文化变革如何促进薄弱学校的改造。通过对核心问题的分解，本书的具体研究问题主要包括：第一，薄弱学校及其文化的现状如何，有何特征？第二，薄弱学校与学校文化之间的内在关联是什么？第三，薄弱学校如何通过学校文化的变革来促进学校的转型发展？第四，学校文化的变革对薄弱学校的发展有何具体的影响，其影响机制是什么？针对这些研究问题，本书试图采用质性研究的方式，选取一所正在进行文化变革与转型的薄弱学校作为研究对象，通过对个案学校的实地观察、访谈等具体的研究方法来揭示学校文化与薄弱学校之间的内在联系，找出学校文化促进薄弱学校发展的动力机制，以帮助个案学校构建有利于薄弱学校改造的学校文化，为正处于变革过程中的薄弱学校以及将要进行变革的薄弱学校提供理论参考和实践意义上的借鉴与启示，提升薄弱学校改造与发展的真实效果。

第二节　研究的目标和意义

一　研究目标

本书的目的在于通过实地调查和质性研究的方式真实呈现薄弱学校文化变革的全过程，揭示与论证学校文化变革对薄弱学校改造的积极影响，在探索与发现学校文化变革和薄弱学校改造的内在关系的基础上，为构建有利于薄弱学校改造与发展的学校文化提出实证参考和建议。本书以广州地区的 A 中学为个案，通过实地观察、问卷调查及访谈的方式研究薄弱学校 A 中学转型以及学校文化变革的全过程。本书将从物质文化、制度文化、行为文化和精神文化 4 个层面呈现个案学校文化变革前的情况、变革的历程以及学校文化变革所取得的成效，并对个案学校的文化变革提出有针对性的建议。同时，在全面分析和研究个案学校文化变革和转型的基础上，总结和归纳个案学校文化变革和薄弱学校改造带给我们的启示，为其他薄弱学校的改造提供有益的参考和借鉴，从而帮助和指导更多的薄弱学校进行改造。最后，本书将对个案学校的成功改造进行理性分析，以唤起政府、学校及社会对薄弱学校改造与发展的关注。具体包括：

（一）从理论上建立学校文化变革与薄弱学校改造之间的内在联系

本书将广泛收集学校文化与薄弱学校方面的相关文献，对学校文化与薄弱学校的基本概念、研究成果及研究进展等进行系统分析和梳理，从理论上形成学校文化变革对学校发展具有重要促进作用的基本观点，建立起学校文化变革与薄弱学校改造的内在联系，为研究的开展奠定理论基础。

（二）从实践中了解薄弱学校文化变革的真实过程

选取一所薄弱学校作为个案，采用实地观察和访谈等方式对其现状及文化变革进行考察和研究，广泛收集相关的数据资料，全面掌握学校文化变革的过程，包括文化变革的动力与阻力、文化变革的内容与措施、文化变革的成效与不足等，全面展示个案学校文化变革的真实情况，为研究的开展提供充足的资料支撑。

（三）探索学校文化变革与薄弱学校改造的内在关系

结合文献梳理的理论研究与实证调查的数据资料，揭示与论证学校文化变革和薄弱学校改造之间的内在关系。本书将对学校文化变革与薄弱学校改造的关系进行深入的探讨与分析，结合相关的实证数据资料从物质文化、制度文化、行为文化与精神文化 4 个维度探寻两者关联的内在机理，全面分析与把握学校文化对薄弱学校改造的作用与影响。

（四）为提出构建有利于薄弱学校改造的学校文化提供建议

本书将从物质文化变革、制度文化变革、行为文化变革与精神文化变革 4 个维度，为个案学校的文化变革提出思路与建议，帮助个案学校实现薄弱学校改造，早日摆脱薄弱的困境。同时将进一步总结个案学校文化变革的经验，为其他薄弱学校的改造提供有益的参考与借鉴。

二 研究意义

（一）理论意义

1. 以学校文化变革的视角来探寻薄弱学校改造的过程，有利于丰富薄弱学校的相关研究成果。本书将通过文献研究的方式，首先从理论上构建学校文化变革与薄弱学校改造之间的联系，然后以个案研究和质性研究的方式，从学校文化变革的视角来呈现个案学校改造的全过程，深入剖析薄弱学校文化变革的各项措施，使人们能够进一步认识和了解薄弱学校文化变革的思路和策略，从而丰富和深化薄弱学校改造的文化视角。通过文献的检索和梳理可以看到，目前从学校物质文化、制度文化、行为文化和精神文化4个层面对薄弱学校改造进行系统和深入分析的文献不多，本书开展的研究有利于从学校文化的理论视角丰富薄弱学校改造的相关研究成果。

2. 以质性研究和个案研究相结合的方式来对薄弱学校文化变革的全过程进行深入剖析和分解，有利于了解薄弱学校文化的真实境况，丰富人们关于薄弱学校及薄弱学校文化的认识，帮助我们从学校现实的角度认识学校文化与学校发展之间的内在关系，进一步丰富有关学校文化的研究成果。本书将通过实地观察和访谈的方式，在个案学校广泛收集学校文化及学校发展方面的数据和资料，然后对资料进行梳理和分析，全面把握个案学校文化的真实状况，系统呈现个案学校文化变革的历程及所取得的成效，使人们对薄弱学校的文化薄弱及改造有更为清晰和深刻的认识，有利于丰富学校文化和薄弱学校改造的相关研究成果，为今后相关研究的开展奠定理论基础。

（二）实践意义

本书的研究是一项走向教育实践，进入学校真实情境的应用性研究，具有较大的实践意义和价值，具体来说包括两个方面的意义。

1. 为个案学校的改造提供有效建议，帮助其更好地实现改造。本书将对个案学校进行长期观察和研究，力图系统地发现个案学校文化变革过程中取得的成就和存在的不足。针对个案学校改造中存在的问题与不足，本书将通过理论分析和实践思考的方式引导个案学校在改造过程中不断深入思考，为个案学校更好地进行改造提供具有针对性的建议，为个案学校及其管理者提供有效的改进建议。

2. 呈现薄弱学校改造的真实与成功案例，为其他薄弱学校的改造提供可资借鉴的范例。本书通过对个案学校的深入研究，在全面分析个案学校改造的经验与不足的基础上，进一步总结个案学校文化变革及改造的策略给我们带来的启示，为我国基础教育领域存在的其他薄弱学校改造提供可资借鉴的范例，引导和帮助更多的薄弱学校成功改造，早日摆脱薄弱的境况。

第三节 文献综述与核心概念界定

对已有研究的系统回顾和梳理是进行研究工作的起点和基础，没有前人研究工作和研究成果作为基础的研究是难以深入进行的，甚至很容易产生重复性的研究。因此，在进行研究设计之前，本书将对相关文献进行全面分析和系统梳理，一方面为研究的开展提供充足的理论知识，奠定良好的理论基础；另一方面也有利于研究者理顺思路，开阔视野，有利于后续研究的深入开展。本节对与研究相关的国内外文献进行系统回顾与述评，主要包括 4 个方面：国内外关于薄弱学校研究的综述，国内外关于学校文化研究的综述，学校文化与薄弱学校关系的相关研究综述，对已有相关研究的总结和评价。

一 国内外关于薄弱学校研究的综述

（一）国内关于薄弱学校研究的综述

我国对薄弱学校的研究始于 20 世纪 80 年代，将近 40 年来，国内教育理论界和广大一线教育工作者对薄弱学校的问题进行了大量的探索，取得了丰硕的理论成果和丰富的实践成果。笔者所收集到的资料显示，目前有关薄弱学校的研究，研究专著比较少，比较多的研究成果集中在期刊上发表的学术论文、调查报告以及相对较为完整和系统的学位论文，其他则是散见于一些学校管理、学校发展以及中央和地方政府关于推进基础教育均衡发展的政策文件之中。通过对相关研究成果的阅读和分析发现，国内对薄弱学校的研究主要集中在两大块：一是针对我国薄弱学校本身存在问题的研究，二是通过对国外薄弱学校改进经验的分析和借鉴，提出针对我国薄弱学校改进的对策。本书拟从薄弱学校的概念和特征、形成原因、改造策略 3 个方面进行文献综述。

1. 对薄弱学校概念和特征的研究

对薄弱学校概念的研究是进行薄弱学校研究的起点和基础，目前我国对薄弱学校概念的界定主要涉及政府政策文件的实践层面和学者研究的理论层面。

第一，从政策文件的实践层面看薄弱学校的概念。“薄弱学校”一词最早出现在1986年的《关于在普及初中的地方改革初中招生办法的通知》（以下简称《通知》）中，《通知》要求各地“特别要注意采取有效措施，搞好薄弱初中建设，使这些学校的校舍、办学经费、师资水平、教学仪器设备等有较大改善和提高”。这是我国政府相关政策文件中首次正式提出和使用“薄弱学校”这一概念。《通知》中虽然没有对薄弱学校的概念进行明确的界定，但当时习惯将校舍较差、办学经费不足、师资水平低以及教学仪器设备等较弱的学校称为薄弱学校。1997年，国家教委基础教育司原司长李连宁在接受《人民日报》记者采访时指出：“薄弱学校主要在办学条件、师资水平、学校管理、生源质量等方面比较薄弱，从而造成教育质量不高，其中关键的是管理，其他诸端是相对的。”① 1998年11月，教育部印发的《关于加强大中城市薄弱学校建设，办好义务教育阶段每一所学校的若干意见》，对薄弱学校的理解是：“在大中城市的一些中小学校中，或因办学条件相对较差，或因领导班子力量不强、师资队伍较弱以及生源等方面的原因，使得学校管理不良，教学质量较低，社会声誉不高，学生不愿去、家长信不过。”② 2013年3月，教育部印发的《农村义务教育薄弱学校改造计划背景材料》提出薄弱学校改造计划重点支持项目是：“为农村薄弱学校配置图书、教学实验仪器设备、音体美等器材，提高农村义务教育质量；为农村薄弱学校每个班级配置多媒体远程教学设备，提高教育信息化水平；配合实施农村义务教育学生营养改善计划，支持国家试点地区农村学校改善就餐条件或配备必要的餐饮设施；支持农村寄宿制学校学生附属生活设施建

---

① 董洪亮：《为孩子们创造平等受教育机会——就加强薄弱中小学建设问题采访国家教委基础教育司司长李连宁》，《人民日报》1997年7月2日。

② 中华人民共和国教育部：《教育部关于印发〈关于加强大中城市薄弱学校建设，办好义务教育阶段每一所学校的若干意见〉的通知》。

设，集中力量满足农村学生特别是留守儿童的住宿需求。”① 由此可以看出，我国政府政策文件对薄弱学校内涵的大致界定以及我国薄弱学校所表现出来的基本特征。

第二，学者们从理论上对薄弱学校的界定。吴福生认为：“我国共有80多万所中学、小学，其中很大一批学校，在办学条件、教师水平、管理水平、教学质量等方面比较差，称之为薄弱学校。”② 熊梅、陈纲则从硬件和软件两方面来描述薄弱学校：“薄弱学校主要表现为硬件和软件的薄弱。从硬件上来看，主要表现为办学条件差，即校舍破旧、办学规模小并且超负荷、教育教学设备短缺、图书资料比较缺乏。从软件上来看，主要表现为学校领导班子弱、管理差、师资队伍差、生源质量差、办学质量与效益差。”③ 姜水晶在其硕士学位论文中将“薄弱学校”界定为，“在义务教育阶段，在同一时期、同一地区内，相对而言，由教育投入不足、教育行政不得力、学校管理欠缺、师资力量不均衡而导致的办学条件较差、办学水平不高、社会声誉不好的一类学校”。④ 朱家存认为，在界定薄弱学校方面必须要注意两个问题：“其一，选定评价的要素，确定明确的甚至可以量化的‘薄弱’程度的标准，这是界定薄弱学校的前提条件；其二，薄弱学校的衡量标准，伴随着学校教育整体水平的提高和人们对教育要求的发展而不断变化。”⑤

综合实践与理论层面关于薄弱学校概念的内涵可知，薄弱学校不仅是人们评估、量化和测量的结果，更多是人们主观上的一种认

---

① 中华人民共和国教育部：《农村义务教育薄弱学校改造计划背景材料》，http：//www.moe.gov.cn/jyb_xwfb/xw_fbh/moe_2069/s7135/s7182/s7184/201302/t20130226_147885.html，2013年2月26日。

② 吴福生：《关于强化义务教育的若干思考》，《中国教育学刊》1996年第2期。

③ 熊梅、陈纲：《标本兼治综合治理——关于我国部分大中城市义务教育阶段加强薄弱学校建设情况的调研报告》，《教育研究》1998年第4期。

④ 姜水晶：《薄弱学校形成原因分析及改造策略研究》，硕士学位论文，东北师范大学，2007年。

⑤ 朱家存：《走向均衡——大中城市加强薄弱初中的政策研究》，博士学位论文，华东师范大学，2002年。

识与反映。例如政府行政部门将薄弱学校界定为在校园建设、教学设施、师资力量、学校生源、信息资讯、升学率、教学成果等方面较差的学校；社会层面则将教学质量差和升学率低、学习氛围差的学校认定为薄弱学校。其实不管是政府的政策规定，还是学界的理论界定，都没有对薄弱学校给出一个可以直接量化和测评的可操作性定义。但这仍然不影响我们在主观上对薄弱学校的认定。虽然对于薄弱学校的具体内涵，不同的学者有不同的定义，但是学界普遍认同薄弱学校是一个相对的概念。这个相对性主要表现在时间和空间两个方面。[①] 第一，空间存在的区域性。薄弱学校通常是针对某一区域而言的，因而其界定具有区域性特点。我国地域之间、城乡之间的经济发展水平存在较大的差距，因而薄弱学校的界定标准也存在区域性差异，即发达地区或城市的薄弱学校放在经济相对落后的地区或乡村，可能不再属于薄弱学校。可见，薄弱学校的界定离不开特定的区域背景，因而也就难以脱离特定的区域背景来为薄弱学校制定一个统一的、量化的标准体系。第二，时间存在的动态性。薄弱学校的存在是在我国基础教育改造与发展的动态过程中出现的一种教育现象。就某一时期而言，薄弱学校与重点学校、示范学校的差距是客观存在的，但这种差距是暂时的，不会无条件地永远存在下去，它会随着教育改造的深化、教育教学质量整体水平的提升而逐渐发生变化。今天的薄弱学校，通过教育条件的改善、教育资源分配的更趋合理化与公平化，政府对薄弱学校改造的政策倾斜和薄弱学校自身的努力等，也可能会发展成为示范学校。相反，示范学校也可能会因为懈怠和因循守旧沦落为新的薄弱学校。同时，随着教育改革的深化，薄弱学校的界定标准也会不断变化。可见，薄弱学校的界定离不开特定时间的社会背景，我们对薄弱学校的认识不能绝对化。

结合以上关于薄弱学校概念的分析，本书将薄弱学校界定为：某

---

① 王永强：《薄弱学校的界定与成因探究》，《河南科技学院学报》2012 年第 4 期。

一个时期的某一个地区内，处于基础教育阶段，办学条件差、师资水平低、学校管理落后、生源质量差、社会声誉不高，达不到同级同类学校基本办学标准的学校。

2. 对薄弱学校形成原因的研究

有关薄弱学校产生的原因，学者们都认同薄弱学校不是某单一因素作用的结果，而是在多种因素共同作用下形成的，如“薄弱学校的产生及存在是政府教育政策导向、社会评价体制、学校自身基础等多种因素综合作用的结果”[①]。学界一般从学校外部以及学校内部两个方面来进行分析，其中学校外部因素包括教育政策、教育资源总量不足等，内部因素包括学校生源、学校管理以及师资队伍等。

李桂强具体分析了薄弱学校产生的原因：“教育不均衡发展政策造成教育资源配置不平衡、义务教育统一目标下教育资源投入不足、分级办学管理体制下所产生的投资差异、公民的教育投资意识导致校际的差距加大、教育评价制度的缺失和薄弱学校自身的原因。”[②]肖彦卿从内部和外部两个方面深入探讨了平顶山十三中成为薄弱初中的原因，其中内部原因主要包括教育观念落后及指导思想片面等，外部原因包括公众教育需求过高与教育资源不足的矛盾等。[③] 朱家存在其博士论文中通过一系列的数据分析了城市薄弱初中形成的原因，他认为原因有两个：“先天不足”——薄弱初中大多创建于困难时期和“后天营养不良”——重点中学政策造成教育资源配置失衡。[④] 贺武华等人认为，从社会学视角来审视薄弱学校，可以进一步找到薄弱学校形成、发展困难的根源：社会分化、社会竞争、人员的流动、社会资本的积累、社会文化认同等问题都是影响薄弱学校形成和发

① 王永强：《薄弱学校的界定与成因探究》，《河南科技学院学报》2012 年第 4 期。

② 李桂强：《薄弱学校发展中的矛盾及其对策》，硕士学位论文，南京师范大学，2004 年。

③ 肖彦卿：《从平顶山十三中看我国薄弱初中的成因及改造》，硕士学位论文，湖南师范大学，2004 年。

④ 朱家存：《走向均衡——大中城市加强薄弱初中政策研究》，博士学位论文，华东师范大学，2002 年。

展的因素。①

以上学者对薄弱学校成因的深入分析为本书的研究奠定了重要的基础，但是我们也应该看到，从内外两方面分析薄弱学校的成因虽然比较全面，但是不够深入，显得比较宽泛，并不利于学校进行改造。所以本书将在学者们研究的基础上，以学校文化为突破口来分析薄弱学校存在的问题，以便更有针对性、更深入和具体地指导薄弱学校的改造。

3. 薄弱学校改造策略的研究

由于多数学者都从内外两方面分析薄弱学校产生的原因，所以针对薄弱学校的改造已有研究成果也分别从内部管理与外部支持提出了相应的改造策略，其中外部支持主要包括政府的外部支持与社区的外部支持两个方面。

政府外部支持方面。郑友训认为薄弱学校改进的宏观对策主要是强化政府行为，即各级政府将解决薄弱学校问题摆到重要位置；建章立制，把治理薄弱学校的工作纳入制度化、法制化轨道，制定配套性倾斜政策，加强薄弱学校软硬件建设。② 侯枭妹认为政府应该制定有利于薄弱学校改造的倾斜政策，包括加大对薄弱学校的资金投入，加强薄弱学校领导班子和师资力量，改革教育教学的评价体系，重组教育资源。③ 袁彩哲也强调政府在薄弱学校改造中应积极有为，强化改薄的意识，办好每一所学校，优化教育资源配置并不断完善教育管理体制。④ 笔者查阅的诸多文献都认为政府部门的支持对于薄弱学校的改造起着重要作用，许多文献都强调了政府部门应该在薄弱学校的改造中发挥重要作用，但具体的作用形式有所不同。

---

① 贺武华、杨小芳：《薄弱学校发展困境的社会学解释》，《教育发展研究》2006 年第 7 期。

② 郑友训：《薄弱学校的成因及变革策略》，《教育探索》2002 年第 10 期。

③ 侯枭妹：《薄弱学校存在的问题及其改造对策》，硕士学位论文，华中师范大学，2006 年。

④ 袁彩哲：《薄弱学校改造中的问题与发展对策研究——以江苏省泰兴市洋思初中为个案》，硕士学位论文，西南师范大学，2005 年。

社区外部支持方面。薄弱学校的生存与发展总是与其周边的大环境紧密联系在一起的，因此薄弱学校的改造也离不开社区环境的支持。李湘从学校与社区关系入手，强调学校要依托社区，加强与社区、家庭的联系，应构建学校、社区、家庭三结合、一体化的教育体系，充分利用社区资源，形成学校自己的办学特色，与社区共同发展。①

学校内部管理层面。刘绿芹认为内涵塑造是薄弱学校自我提升的关键，具体包括以教师流动为契机，大力推进教师队伍建设；以课堂教学模式改革为切入点，提升教学质量；以制度文化建设为载体，促进校园文化建设；以特色教育为龙头，打造个性化教育。② 路光远认为薄弱学校应“构建学校共同愿景；重塑学校文化，营造文化磁场；创建平台促进教师专业发展；家校共建打造公信教育品牌”。③ 孙远航认为，加大对薄弱学校以人为本的内涵建设，从根本意义上恢复它的“造血”机能，促进学校最为核心的生产力——教师的专业与发展，对薄弱学校改造起决定作用；促进教师专业化发展要建立动态、开放的教师管理与任用机制，选派优秀教师到薄弱学校任教或支教，选送中青年教师到优质学校学习培训，注重岗前培训与岗位培训相结合、知识培训与能力培训相结合、集中培训与分散自修相结合、学习理论与进行科研相结合，建构培训模式。④ 与此同时，卢乃桂、张佳伟认为学生参与学校改进具有重要的理论和实践意义，学生可以通过三种方式——给学生赋权、在改进的不同阶段配合不同层次的学生参与、采用灵活多样的形式加强学生和成人之间的对话，参与薄弱学校的管理活动，从而帮助薄弱学校进行有效改造。⑤

---

① 李湘：《论薄弱学校的发展与社区的关系》，《乌鲁木齐职业大学学报》2006 年第 3 期。

② 刘绿芹：《内涵塑造是薄弱学校自我提升的关键》，《教学与管理》2011 年第 25 期。

③ 路光远：《内涵发展：薄弱学校更新之路》，《全球教育展望》2005 年第 4 期。

④ 孙远航：《薄弱学校改造与发展》，华东师范大学出版社 2006 年版。

⑤ 卢乃桂、张佳伟：《学校改进中的学生参与问题研究》，《教育发展研究》2007 年第 8 期。

随着对薄弱学校改造研究的深入，越来越多的研究者发现，薄弱学校要想成功改造，必须将外部支持与内部管理两方面的力量进行有效结合。刘要悟等人认为，改造薄弱学校，既要运用宏观方策即政府行为又要运用微观方策即学校层面的努力，才能收到良好效果。① 李锐利也在借鉴英国改进薄弱学校措施的基础上，提出既要充分发挥政府的调控作用，又要加强薄弱学校内部建设即领导班子、教师队伍建设，采取管理制度改革、强弱校合并、联合办学等措施。②

从以上文献我们可以看出，薄弱学校的改造是一项复杂、系统而长久的工程，薄弱学校的诸多方面都存在不同程度的问题，学者们也从各个角度来探讨薄弱学校的改造，这些都为本书进一步深入开展研究奠定了很好的基础。

（二）国外关于薄弱学校改造研究的综述

提高教育质量，促进教育公平，是各国教育共同的追求目标。由于各国国情不同，薄弱学校形成的原因及表现也有差异，相应的，各国采取的改进措施也不一样。如英国的薄弱学校，主要表现为“软件”的薄弱，尤其是城市的薄弱学校。英国针对城市和农村的薄弱学校采取了不同的策略，改造效果明显。美国则认为那些办学效率低下、学生学业成绩不好的公立学校——所谓的薄弱学校，形成的主要原因是学校管理的官僚主义导致学校缺少竞争意识。美国掀起了轰轰烈烈的学校改进运动，引入竞争机制以改善公立学校的办学质量。

学者们关于国外薄弱学校的研究主要是通过对发达国家薄弱学校改造的策略和实施效果进行全面阐述和分析，总结其经验，从而为我国薄弱学校的改造提供借鉴和启示。笔者通过对文献的梳理和分析发现，关于国外薄弱学校的相关研究主要集中在薄弱学校的内涵与特

---

① 刘要悟、肖彦卿：《试论改造城市薄弱学校的方策》，《湖南师范大学教育科学学报》2004 年第 6 期。

② 李锐利：《从失败走向成功——英国改进薄弱学校的措施对我国的启示》，《外国中小学教育》2003 年第 2 期。

征、薄弱学校改造政策的回顾和梳理、薄弱学校改造政策推行的策略和保障机制 4 个方面。

1. 薄弱学校的内涵与特征。在国外，学者们往往以“Fail School”“Ineffective School”等词来指代我们所谓的薄弱学校，或者是处境不利的学校。美国联邦政府在 1998 年签署的全面学校变革项目中，以学生成绩作为判断学校是否需要变革的最主要指标之一，相关部门将无法有效提升学生学业成绩和能力素质的学校认定为薄弱学校。① 杰弗里·伯曼等人重点关注全美最亟须改革和发展的特困学校，将学校的建设和学生成绩作为选择改革目标学校的标准。②

关于薄弱学校的特征研究，美国学校综合改革与发展中心几乎每年都会发布一份评估报告，该组织致力于研究亟待变革的低效能学校，重点从 6 个方面评估学校现状：是否具备严密的课程计划，能否实施有效指导，是否注重形成性评价及对评价结果的综合利用，是否有以成就为导向的校园文化，学校领导的有效性，家庭和社区的参与度。③

2. 薄弱学校改造政策的回顾和梳理。张羽寰、孟伟等学者对英国薄弱学校改造政策进行了回顾，认为英国政府先后出台了特色学校计划、学院类学校计划、信托基金学校计划和自由学校计划等一系列政策来促进薄弱学校改造。④ 孙颖认为美国薄弱学校改造政策经历了启蒙、起步和巩固三个阶段。⑤

---

① Stanbinsky Allen，Ross Steven，Redfield Doris，“Effects of Comprehensivve School Reform on Student Achievement and School Change：A Longitudianl Muti-Site Study”，*Review of Educational Research*，2006：367 –397.

② Geoffrey D. Borman，Gina M. Hewes，Laura T. Overman，Shelly Brown，“Comprehensive School Reform and Achievement：A Meta-Analysis”，*Review of Educational Research*，2003（2）：125 –230.

③ 王紫斌：《农村薄弱学校变革的个案研究——以福州市闽侯县小学为例》，硕士学位论文，福建师范大学，2014 年。

④ 张羽寰、孟伟、李玲：《从“特色学校”到“自由学校”——英国多路径改进薄弱学校政策述评》，《上海教育科研》2012 年第 6 期。

⑤ 孙颖：《美国薄弱学校改造的政策分析》，《外国中小学教育》2014 年第 8 期。

3. 薄弱学校改造政策推行的策略。励骅、白华通过对国外薄弱学校改进的有效措施进行研究认为，制定专门的改进方案、提供资金和技术扶持及吸纳社会资源参与改进等手段是确保政策有效执行的重要策略。[①] 美国联邦政府推出“教育机会地带”等多项创新政策来推进薄弱学校改造。[②] 罗纳德·布雷迪归纳了美国推行薄弱学校改造的20种策略，并将其分为轻度、中度和重度三类。[③] 秦素粉在其硕士学位论文中比较系统地研究了英国薄弱学校改进的经验，该研究主要考察了英国最主要的两项改进政策：教育行动区计划和城市优异计划。教育行动区计划是针对不发达地区实施的，城市优异计划针对城市中心区薄弱学校实施的，论文认为，“在薄弱学校改造中，一方面教育行政部门责无旁贷，应承担相应的责任；另一方面，薄弱学校自身要充分发挥主人翁精神，内外统筹”。[④] 日本则通过教师的定期流动制来促进薄弱学校的改造。[⑤]

4. 薄弱学校改造政策推行的保障机制。刘宝存、何倩对美国薄弱学校改造政策变迁分析，发现强制的干预手段和雄厚的经费供应是美国薄弱学校改造政策得以落实的有效保障。[⑥] 索磊从信托提案的形成、信托机构的职责、对受托人资格的规定、对信托学校的监管、信托学校自主权的范围等几个方面分析了英国薄弱学校改造政策的保障机制。[⑦] 白亮、凌郡对OECD国家薄弱学校改进策略进行分析，提出

① 励骅、白华：《国外薄弱学校改进的有效举措探析》，《比较教育研究》2009年第6期。

② Arne Duncan, “Turning around the bottom 5 percent”, U. S. Department of Education, 2009, June 22.

③ Ronald C. Brady, Can Failing Schools be Fixed? http://www.ecs.org/html/Document.asp? chouseid=4778, 2009年6月26日。

④ 秦素粉：《英国薄弱学校改进政策研究》，硕士学位论文，华中师范大学，2007年。

⑤ 汪丞：《日本教师“定期流动制”对我国区域内师资均衡发展的启示》，《中国教育学刊》2005年第4期。

⑥ 刘宝存、何倩：《新世纪美国薄弱学校改造的政策变迁》，《比较教育研究》2011年第8期。

⑦ 索磊：《从“特色学校”到“信托学校”——英国提高薄弱学校办学质量政策解析》，《教育发展研究》2009年第15期。

加强并支持学校领导、营造有利学习的学校环境、吸引并留住高质量的教师等是薄弱学校改造政策推行的重要保障。[①] 通过对相关文献的梳理发现，国外在薄弱学校的改进过程中，较为重视对薄弱学校评判标准的制定，通过确立统一的鉴别标准，制定专门的改进方案对薄弱学校进行有效的改进。

二　国内外关于学校文化研究的综述

（一）学校文化概念的相关研究

为了界定学校文化的内涵，我们首先必须了解什么是文化。文化几乎遍布于人类生活中的每一个角落。国内外学者关于文化内涵的争论已经持续了好几个世纪，然而，到目前为止对文化仍然没有形成一个统一的定义。20 世纪 50 年代初，美国人类学家克鲁伯和克拉克洪在其合著的《文化：关于概念和定义的批判性回顾》一书中，罗列的 1571—1951 年的 80 年间的文化定义就达 164 种。我国研究者韩民青在其所著的《文化论》中提到的文化定义有近 200 种。我国学者郑金洲教授收集的文化定义已有 310 余种。迄今为止，文化是使用频度极高又最有争议的一个概念。从语源学的角度考察，文化一词最早源自拉丁文，其本意是指耕作所获的东西，其后逐渐引申为人类所创造的物质财富和精神财富的总称。在我国，“文化”是汉语言系统中古已有之的词，文化是“文治教化”的意思，常与文明并称。

现代意义上的文化最早由英国人类学家爱德华·B. 泰勒于 1871 年首次提出，他将文化定义为：“文化，或文明，就其广泛的民族学意义来说，是包括全部的知识、信仰、艺术、道德、法律、风俗以及作为社会成员的人所掌握和接受的任何其他的才能和习惯的复合体。”[②] 从这个概念诞生开始，后人对文化的理解众说纷纭。格尔兹

---

① 白亮、凌郡：《OECD 国家薄弱学校改进策略与启示》，《教育科学研究》2015 年第 8 期。

② ［英］泰勒：《原始文化》，连树声译，上海文艺出版社 1992 年版。

（Geerz）把文化定义为一定组织内群体所认同的“意义之网”。[①] 大卫·斯图瓦德（David Stewart）认为文化就是“我们这里的人的做事方式”。[②] 斯肯（Schein）认为文化是“凝聚一个团体的共享的信仰、价值观以及一套基本的假定”。[③] 我国《辞海》中对“文化”的解释是：广义指人类社会历史实践过程中所创造的物质财富和精神财富的总和；狭义指社会的意识形态，以及与之相适应的制度和组织机构。[④]

综观各个学者从不同角度和不同层面对文化所进行的探讨，塞西将文化研究者分为两个派别：一是文化适应派，着重于观察一个群体内成员的行为、语言及使用之实物等；另一派是观念学派，着重于观察社会成员心目中共有的信念。

正是由于文化概念的复杂性，学校文化也成为一个难以界定、没有统一定义的概念。“学校文化”最早是由美国学者华勒（W. Waller）于1932年在其《教育社会学》中提出，他认为“学校文化形成的来源之一是年青一代的文化，其二是成人有意安排的文化”。前者是由学生群体中的各种习惯传统、价值观念以及他们受影响而产生的情感心理和表现行为等构成。后者则代表了教师的成人文化，由教师群体的各种习惯传统、规范准则、价值观念和心态行为等组成，是“学校中形成的文化”。国外学者赫克曼（Heckman）将学校文化的内涵界定为：“学校文化是教师、学生和校长所特有的行为方式，同时，学校文化和学校本身的传统与历史也有密切的关系。”[⑤] 即学校应该是学校全体成员所共同具有的和共享的信念，其形成又是与特定的学校历史传统相联系的。

---

① Geerz, C. H. M. , *The Interpretation of Cutures*, New York: Basic books, 1973.

② David Stewart, D. J. , *Tomorrow's Principals Today*, Palmerston North: Kanuka Grove Press, Massey University, 2000.

③ Schein, E. H. , *Organizational Culture And Leadership*, San Francisco: jossey-Bass, 1985.

④ 辞海编辑委员会：《辞海》，上海辞书出版社1999年版。

⑤ Heckmam, P. E. , “School Restructring in Practice: Reckoning with the Culture of School”, *International Journal of Educational Reform*, 1993, Vol. 2, No. 3.

国内外已有大量关于学校文化的研究成果，对于学校文化的内涵也有多种不同的定义。我国学者王瑞森①的硕士学位论文从8种不同的文化观中归纳出比较有代表性的学校文化的概念，例如文化氛围说——学校文化是校园中具有学生特点的精神环境和文化氛围，或说是学校在教学管理及整个教育过程中逐渐形成的文化氛围和文化传统；意识形态说——学校文化是由学生这一特定的社会群体在学校这一特定的环境中所创造的一种社会文化，是校园意识形态的总和；物质、精神总和说——学校文化指学校在长期的育人实践中所逐步形成的具有学校特色的物质财富和精神财富的总和。通过广泛查阅关于学校文化研究的文献，笔者在系统梳理以往研究的基础上，结合本书研究的需要，从众多的定义中对学校文化的内涵进行了相应的归类，具体见表1－1和表1－2。

表1－1　**国外研究者对学校文化的定义**

学者	定义类型	学校文化的定义
华勒（Waller）	特殊文化观	学校文化来源于年青一代的文化和成人有意安排的文化②
斯图瓦德（Stewart）	做事方式观	学校群体成员的做事方式③
彼得森（Peterson）	内在实体观	一定历史阶段形成的关于信仰、价值和传统的深度形式④
菲利普斯（Phillips）	表征观	表征一个学校的信仰、态度和行为⑤
理察森（Richardson）	融合观	许多个体价值和标准的积聚和融合⑥

资料来源：笔者自行整理。

---

① 王瑞森：《中小学学校文化建设研究》，硕士学位论文，华中师范大学，2007年。

② W. Waller, *The Sociology of Teaching*, New York: Wiley, 1932.

③ David Stewart, D. J., *Tomorrow's Principals Today*, Palmerston North: Kanuka Grove Press, Massey University, 2000.

④ Kent, D., "Positive or negative?" *Journal of Staff Development*, 2002, Vol. 23, No. 3.

⑤ Phillips, G., *The School-Classroom Culture Audit*, Vancouver, British Columbia: Eduserv, British Columbia School Trustees Publishing, 1993.

⑥ Joan Richardson, "School Culture: A key to Improved Student Learning", *School Team Innovation*, 1996, Vol. 10.

表 1 - 2 国内研究者对学校文化的定义

学者	定义类型	学校文化的定义
郑金洲	习得价值观	学校全体成员或部分成员习得且共同具有的思想观念和行为方式等①
蒋建华	物质精神总和观	学校全体师生在长期的教育教学实践和理论探索过程中共同创造而形成的物质财富和精神财富的总和②
谢翌、马云鹏	共同建构观	由教师、学生、家长和行政管理人员在长期以来的工作和生活中所共同建构的组织传统与规则并且内化为人们思考、活动和感知问题的方式③
殷磊	社会有机组成观	学校群体成员在教育教学和管理实践中逐渐共同创造生成的体现时代特征和社会进步的价值观念、思维方式、行为规范及活动结果④
苏鸿	文化氛围观	学校中的主体在整个学校生活中所形成的具有独特凝聚力的学校面貌、制度规范和学校精神气氛等，其核心是学校在长期办学中所形成的共同的价值观念⑤

资料来源：笔者自行整理。

综上所述，各种定义在本质上都是学者在一定的价值观的引导下站在不同的角度分析同一问题的结果，其反映的观点具有相似性，均认为学校文化是一种由师生组成的群体性文化；都是在学校发展过程中积累形成的行为观和价值观，是外在行为和内在理念的有机结合，是群体成员创造的物质文化和精神文化的总和。上述各种学校文化观都从某一角度或某些方面揭示了学校文化的部分内涵，拓宽了人们对学校文化认识的视野与深度。

（二）学校文化结构的研究

文化是一种结构性的存在，因此学校文化是有结构的。在文化研

① 郑金洲：《教育文化学》，人民教育出版社 2000 年版。

② 蒋建华：《校长在学校发展与创新过程中的文化引领》，《中国教育学刊》2008 年第 4 期。

③ 谢翌、马云鹏：《重建学校文化：优质学校建构的主要任务》，《华东师范大学学报》（教育科学版）2005 年第 1 期。

④ 殷磊：《学校文化建设与教师专业发展》，《中国高教研究》2005 年第 3 期。

⑤ 苏鸿：《基础教育课程改革与学校文化重建》，《课程·教材·教法》2003 年第 7 期。

究中，只有把文化视为一种结构，才能深刻地了解文化的本质和发展规律。① 学者们从不同的视角对学校文化进行定义，从而对学校文化的构成要素及结构维度也持有不同的观点。国内外学者们对学校文化的结构进行了诸多研究，通过文献分析，笔者总结出以下几种重要的观点（见表 1－3）。

表 1－3 **学校文化的结构**

学者	分类依据	学校文化的结构
蒋建华	形态	两分法：物质文化和精神文化②
俞国良		三分法：物质文化、规范文化和精神文化③
赵中建		四分法：物质文化、行为文化、制度文化和精神文化④
范国睿		五分法：观念文化、心理文化、制度文化、行为文化和环境文化⑤
刘守尧	主体	领导文化、教师文化、学生文化⑥
李学农	表现形式	主流文化、校园文化、班级文化、教师文化和学生文化⑦
彼德森（Peterson）	表现	积极的学校文化和消极的学校文化⑧
洛尔蒂（Lortie）	教师的专业发展取向	个人主义取向、保守主义取向和现实主义取向⑨
霍夫斯泰德（Hofstede）		家庭文化、机器文化、表演文化和恐怖场所文化⑩

① 刘进田：《文化哲学导论》，法律出版社 1999 年版。

② 蒋建华：《校长在学校发展与创新过程中的文化引领》，《中国教育学刊》2008 年第 4 期。

③ 俞国良：《学校文化新论》，湖南出版社 1999 年版。

④ 赵中建：《学校文化》，华东师范大学出版社 2004 年版。

⑤ 范国睿：《多元与融合——多维视野中的学校发展》，教育科学出版社 2002 年版。

⑥ 刘守尧：《浅析校园文化的特征以及在实践中的几对关系》，《中国轻工教育》2005 年第 3 期。

⑦ 李学农：《广义学校文化论》，《江苏教育学院学报》（社会科学版）1994 年第 1 期。

⑧ Deal Peterson, *Shaping School Culture: the Heart of Leadership*, San Francisco: Jossey-Bass Publishers, 1999.

⑨ Lortie, D. C., *School Leader*, Chicago: University of Chicago Press, 1875.

⑩ Hofstede, G., *Culture's Consequences: International Differences in Work—Related Values*, Beverly Hills, 1980.

续表

学者	分类依据	学校文化的结构
班建武	多元导向	情感导向、管理导向、创新导向、升学率导向①

资料来源：笔者自行整理。

通过整理学者们从不同角度对学校文化结构的分析，笔者根据本书研究的需要，拟采用赵中建的四分法，即按照由表层到深层的变化过程，把学校文化划分为物质文化、制度文化、行为文化和精神文化。② 其中，学校精神文化是学校文化的深层表现形式，是学校文化的核心；学校制度文化、学校行为文化和学校物质文化则是学校精神文化的基础和载体。同时，鉴于本书研究的需要，将在此基础上把学校的行为文化按主体划分为管理者文化、教师文化和学生文化。

为了更好地从学校文化的视角来促进薄弱学校的改造，笔者认为有必要对学校文化的四个维度做更加具体的分析，以便更好地对学校文化进行观察。

第一个维度，学校物质文化。物质文化是学校文化的外壳，也是学校文化“内核”的载体。物质文化是学校全体师生物质文化活动的产物，是学校全体成员在学校这个特定的环境中创建、积累、共享的物质环境，是学校精神文化的重要载体，包括校园的规划、校园的建筑、教育教学设施、人文景观和学校活动场所等各个方面。还包括校内用来传播文化的主要工具，如学校广播，学校的报纸、杂志、网络等媒体，以及显现在外的学校主体的活动形式，如丰富多彩的课外活动及各类比赛等。结合 A 中学的实际情况及研究的需要，本书将主要从学校环境文化、学校建筑文化和学校标识文化来考察 A 中学的物质文化，而且是从校园建筑、校服、校徽等物质文化的载体或表征来观察物质文化，即物质文化的显性部分，至于物质文化背后所蕴含的人文精神、价值理念等隐性成分则属于学校精神文化要探讨的内容。

① 班建武：《学校文化现状诊断及改进路径》，《中国教育学刊》2011 年第 2 期。

② 赵中建：《学校文化》，华东师范大学出版社 2004 年版。

第二个维度，学校制度文化。学校制度文化作为学校文化的一个重要组成部分，有其自身的结构与功能。一般而言，制度文化主要包括3个层面：一是传统、习惯、经验与知识积累形成的制度文化的基本层面；二是由理性设计和建构的制度文化的高级层面；三是包括机构、组织、设备、设施等的实施机制层面。对于制度文化的认识，学者们有两种不同的观点。一种观点认为，制度是文化的一个重要组成部分，制度本身就是一种文化。① 另一种观点认为，制度只是文化的载体，绝不能把制度等同于文化。② 这两种观点其实是从广义和狭义两个不同的角度来定义制度文化。从广义上来看，学校制度文化既包括以文本、书面文字等形式呈现出来的制度本身，也包括人们对待制度的方式和态度以及相关的行为。从狭义的角度，学校制度文化指以文字或书面形式呈现出来的规章制度和学校的机构设置。根据研究需要，本书将从狭义的角度来考察学校文化，即学校制度的表层，包括学校管理、教学等机构及各职能部门的设置，所制定的各种规章、规定、条例和实施细则等两大方面。因为制度文化的表层是我们所能看见的，而人们对待制度的方式、态度及相关行为是我们看不到的，属于本书行为文化和精神文化的范畴。

第三个维度，学校行为文化。学校行为文化主要指的是师生员工的行为准则、交往方式、行为规范、典礼仪式，师生员工的社会实践以及校内外其他各种活动等。学校行为文化是学校精神文化的动态表现。行为文化是学校文化的主要外显方式，它实际上表现了学校的一种内在精神。学校行为文化主要是通过学校领导的行为、教师的行为和学生的行为体现出来。文化需要认同，制度需要执行，目标需要落

---

① 曾小华：《文化、制度与制度文化》，《中共浙江省委党校学报》2001年第2期。

② 持这种观点的研究者包括：横山宁夫（参见上海译文出版社1983年出版的《社会学概论》第187页）、陈颐（参见《社会科学研究》1988年第3期第66页《简论以制度为学科对象的社会学》一文）、王春（参见《教育发展研究》2004年第7—8期第124页《制度文化：大学文化的核心环节》一文）、曾小华（参见《中共浙江省委党校学报》2001年第2期第35页《文化、制度与制度文化》一文）、吉标（参见《当代教育科学》2007年第7期第39页《文化建设抑或制度建设》）等。

实，如果仅有好的理念和完善的制度，而没有过程的执行、言行的维护，照样不会有好的结果。本书将按照行为文化的主体，对 A 中学的管理者行为文化、教师行为文化和学生行为文化进行分析和探讨。

第四个维度，学校精神文化。学校精神文化是学校文化的内隐层，是学校文化的核心内容，也是学校文化的最高层次。它主要包括学校的历史传统和被全体师生员工认同的共同文化观念、价值观念、生活观念等意识形态，是一个学校本质、个性、精神面貌的集中反映。良好的学校精神文化，具有催人奋发向上、积极进取、开拓创新的教育力量，其核心内容和表现形式是校风，校训是培养校风的基础。制定校训，意味着期望形成相应的校风。学校精神文化不仅要准确表达，而且要运用多种形式有机承载，反复宣传，使之渗透、内化到师生员工的思想和行为中。树立良好的学校精神文化，可以促使学生在一种无形的力量推动下，在积极向上的氛围中受到激励、鞭策，健康成长。

综合以上关于学校文化内涵及结构的分析，本书将学校文化界定为，在校园环境中，学校全体成员在长期的教育实践中共同创造和形成的思想观念、行为方式、规章制度以及物质建筑的综合。按其层次，由外到内依次分为物质文化、制度文化、行为文化和精神文化四个维度。

学校文化的变革是指学校文化改变的过程，多指由旧的、不好的学校文化变为新的、优秀的学校文化的过程。学校文化是在学校发展过程中慢慢积累的，因此学校文化的变革过程也是一个渐进的改革过程，通常而言，学校文化的变革既包括对优秀的传统文化的继承，也包括摒弃不好的文化，从而创造优秀的文化两个方面。一般来说，学校文化变革过程大致包括四个基本过程：第一，对学校文化进行诊断性评价，诊断出学校文化存在的问题与不足；第二，寻找文化变革的方向、重点与文化变革的切入点，确定学校文化未来的发展方向；第三，制定学校文化变革方案，组织全校师生对学校文化进行变革，具体实施变革的计划方案；第四，进行反思，总结学校文化变革所取得的成效以及存在的问题，为今后的学校文化变革及学校发展指明方向和提供经验。

三 学校文化与薄弱学校关系的研究综述

本部分重点从学校文化与薄弱学校的关系来综述国内外的研究现状，这也与本书的研究最为相关。笔者首先在中国知网以“薄弱学校”和“文化”为篇名进行文献检索，共检索到文献 20 篇，其中包括 4 篇硕士学位论文。通过对相关文献的阅读和分析发现，以往的研究成果为本书的研究奠定了良好的理论基础，同时也为研究的进一步开展指明了方向。薄弱学校与学校文化关系的相关研究成果表明，薄弱学校的崛起在于文化的自信，[①] 只有通过文化的重建才能让薄弱学校成功转型。[②] 一系列来自研究者和实践者的相关成果都表明，学校文化与薄弱学校的存在有着十分密切的关系，我们需要重视学校文化的建设，通过对学校文化的变革来促进薄弱学校的转型发展。胡乐认为，薄弱学校要想走出困境，需要走适合自身发展的道路，这首先应该从学校文化入手，从本土文化积淀中挖掘具有显著特色的教育资源，包括地区特色和传统文化特色等资源，这种本土的特色文化为学校的发展提供了广阔的发展空间。[③]

除此之外，还有一些研究成果更为深入地探索了学校文化中的某一部分文化对学校发展的作用，例如杨继富在其硕士学位论文中，通过采用文献研究和实地考察等方法，对杭州市某薄弱学校在城市化进程中的教师文化变革进行了较为细致的研究，包括对个案学校教师文化变革的成因及其变革路径的研究，最后提出了薄弱学校教师文化变革的相关建议。[④] 汪洋等人则重点探讨了如何通过学校精神文化的改

---

① 陈红光：《薄弱学校崛起的支点在文化》，《华夏教师》2013 年第 10 期。

② 胡乐：《论薄弱学校创新型文化的建设》，《内蒙古师范大学学报》（教育科学版）2007 年第 12 期。

③ 同上。

④ 杨继富：《城市化进程中薄弱学校教师文化变革研究——以杭州 X 学校为例》，硕士学位论文，杭州师范大学，2015 年。

造来促进薄弱学校的发展。[①] 由此可知，目前学术界已有关于薄弱学校与学校文化关系方面的研究成果，但薄弱学校的转型与发展，仅仅依靠教师文化或精神文化的变革是不够的，教师文化和精神文化的改造必须在物质文化和制度文化已经发展较好的情况下进行，否则缺乏现实的基础，难以持续。通过对这些文献的阅读，笔者更清晰地理顺了思路，为研究的开展确定了合理的逻辑框架。更为重要的是，本书研究的开展是在以往研究成果的基础上进一步深入，将从学校文化的全部层面对薄弱学校改造进行探讨，同时本书将采用质性研究的方法，通过选取一所薄弱学校作为个案进行长期的田野观察，深入分析薄弱学校文化变革的整个过程，揭示学校文化与薄弱学校改造之间的内在机理，从而更好地指导其他薄弱学校改造及其文化变革，为后续的相关研究提供实证参考。

四　对已有相关研究的总结和评价

通过以上文献的回顾，我们发现学校文化建设一直是中小学发展所关注的重点问题，不管是理论研究者还是实践探索者都一致认为学校的健康发展离不开优秀的学校文化的支持，学校发展就是学校文化形成的过程。学术界围绕学校文化的内涵、维度与建设策略等方面的研究取得了丰硕的成果，同时学校管理者也在建设学校文化的过程中积累了丰富的实践经验。薄弱学校的改造近年来也成为社会各界关注的热点问题，学术界针对薄弱学校的内涵、成因及改造提出了诸多有益的策略。这些丰硕的理论研究成果为本书研究的开展奠定了较好的理论基础，同时相关研究存在的不足也成为笔者研究进一步开展的基础。

第一，通过文献分析可知，关于薄弱学校文化变革的研究相对不足，甚至有观点认为，薄弱学校不存在真正意义上的文化。尤其缺乏

① 汪洋、马焕灵：《论薄弱学校的精神文化改造——以沈阳师范大学沈北附属学校为例》，《教学与管理》2012 年第 5 期。

对薄弱学校改造的实证调查和分析，关于薄弱学校及其改造的研究更多是从理论或经验层面提出加强薄弱学校改造的相关建议，对薄弱学校改造的效果缺乏实证调查和定量分析。因此，是否能从文化变革的角度来促进薄弱学校改造仍然缺乏足够的实证研究证据的支撑。本书将借鉴学校文化建设与薄弱学校改造的研究成果，对薄弱学校文化变革进行实证研究，以个案研究的方式广泛收集数据资料，并进行深入分析，揭示学校文化与薄弱学校改造之间的内在关联。

第二，现有文献中，关于薄弱学校文化变革的研究缺乏从物质、制度、行为与精神四个层面进行系统而全面的实地研究。薄弱学校的改造及文化变革应当是一个系统工程，需要我们从文化的四个维度进行全面考察、剖析，这样才能全方位分析薄弱学校之所以薄弱的症结所在，从而提出相应的解决策略，帮助薄弱学校实现全方位的改造。以往的研究更多集中在文化建设中的某一两个层面，这样难以确保薄弱学校进行系统的成功改造。而通过本书的研究能更为全面地展示薄弱学校改造与转型的过程，为薄弱学校的改造提供系统的参考和借鉴。

第三，针对现有文献的不足，本书将采用个案研究的方式，在深入分析文献的基础上，提出学校文化是影响薄弱学校发展的关键因素，从理论上构建学校文化与薄弱学校之间的内在关联，然后深入个案学校进行长期的田野调查，实地观察，收集资料，通过对资料的系统分析，揭示薄弱学校文化改造与薄弱学校变革之间关系的内在机理，为我国薄弱学校文化建设提出有益的思路，同时也为其他薄弱学校的改造提供启示。

第四节 研究的理论基础

一 组织变革理论

组织变革是指通过对组织权力结构、架构设计、成员角色及关系等进行系统革新，以适应外部环境、技术进步及任务复杂性的变化，高效地达成组织目标。① 薄弱学校本身就是环境的产物，因此薄弱学校更应该及时关注环境的变化，不断通过学校转型与自我更新的方式来适应学校内外部环境的变化。薄弱学校变革是现代组织变革理论在教育领域的实践，学校文化的变革也是组织变革的一种具体和特殊形式，应当以组织变革理论作为指导，从而更好地实现学校组织的变革以及学校的转型发展。王重鸣在《管理心理学》中指出，组织的变革与发展具有以下几个重要特征②：第一，组织发展包含深层次的变革，包含高度的价值导向。第二，组织发展是一个诊断—改进周期。组织发展的思路是对企业进行“多层诊断”“全面配方”“行动干预”和“监控评价”，从而形成积极健康的诊断—改进周期。组织发展的一个显著特征是把组织发展思路和方法建立在充分诊断、裁剪和实践验证的基础之上。组织发展的关键部分之一就是学习和解决问题，这也是组织发展的一个重要基础。第三，组织发展是一个渐进过程。组织发展活动既有一定的目标，又是一个连贯的不断变化的动态过程，组织发展的重要基础与特点，是强调各部分的相互联系和相互依存。第四，组织发展是以有计划地再教育手段实现变革的策略。组织发展不只是有关知识和信息等方面的变革，更重要的是态度、价值观念、技能、人际关系和文化气氛等方面的更新。组织发展理论认为，通过组织发展的再教育，可以使干部员工抛弃不适应形势发展的旧规范，建立新的行为规范，并且使行为规范建立在干部员工的态度和价值体系优化的基础之上，从而实现组织的战略目的。第五，组织发展具有明确的目标与计划性。组织发展活动都是订立和实施发展目标与计划的过程，并且，需要设计各种培训学习活动来提高目标设置和战略规划的能力。

随着学界对组织变革的研究逐步加深，关于组织变革的理论也日益增多。组织变革理论研究了变革的意义和背景、制约因素和动

---

① 孟范祥、张文杰、杨春河：《西方企业组织变革理论综述》，《北京交通大学学报》（社会科学版）2008 年第 7 期。

② 王重鸣：《管理心理学》，人民教育出版社 2004 年版。

力、内容和过程等问题，[①] 很多学者据此开发出了相关模型，其中以勒温组织变革模型、系统变革模型、卡特尔组织变革模型、卡斯特变革过程模型、迈克尔·哈默的业务流程再造模型等最为著名，这些研究成果为现代组织变革提供了理论依据。本书在广泛研究组织变革理论的基础上，结合研究的需要，主要借鉴美国著名管理学家库尔特·勒温（Lewin）的组织变革理论。勒温于 1951 年提出一个包含解冻、变革、再冻结 3 个步骤的有计划组织变革模型，用以解释和指导如何发动、管理和稳定变革过程。（1）解冻。这一步骤的焦点在于促发变革的动机。鼓励员工改变原有的行为模式和工作态度，采取新的适应组织战略发展的行为与态度。为了做到这一点，一方面，需要对旧的行为与态度加以否定；另一方面，要使干部员工认识到变革的紧迫性。可以采用比较评估的办法，把本单位的总体情况、经营指标和业绩水平与其他优秀单位或竞争对手一一比较，找出差距和解冻的依据，帮助干部员工"解冻"现有态度和行为，使他们迫切要求变革，愿意接受新的工作模式。此外，应注意创造一种开放的氛围和增加员工心理上的安全感，减少员工变革的心理障碍，提高他们变革成功的信心。（2）变革。变革是一个学习过程，需要给干部员工提供新信息、新行为模式和新的视角，指明变革方向，实施变革，进而形成新的行为和态度。这一步骤中，应该注意为新的工作态度和行为树立榜样，采用角色模范、导师指导、专家演讲、群体培训等多种途径。勒温认为，变革也是个认知的过程，它主要为获得新的概念和信息。（3）再冻结。在再冻结阶段，利用必要的强化手段使新的态度与行为固定下来，使组织变革处于稳定状态。为了确保组织变革的稳定性，需要注意使员工有机会尝试和检验新的态度与行为，并及时给予正面的强化。同时，加强群体变革行为的稳定性，促使形成稳定持久的群体行为规范。

---

① Achilles A. Armenakis、Arthur G. Bendeian：《组织变革：20 世纪 90 年代的理论与研究综述》，《管理世界》2010 年第 7 期。

组织变革理论的不断完善对教育领域的变革产生了深远影响，美国学者迈克尔·富兰认为，“教育变革对于社会变革具有重要意义，我们需要以一种新的思维方式与动态的持续的变革作斗争”。[①] 本书将从解冻、变革、再冻结的角度来深入分析薄弱学校文化变革的过程。

二 教育均衡发展理论

“均衡”概念来源于物理学：物体受到两个大小相等但方向相反的外力作用时，处于静止或者匀速直线运动状态，即均衡状态。均衡发展理论最早由发展经济学家纳克斯在 1953 年出版的《不发达国家的资本形成问题》一书中提出，是“非均衡发展理论”的对称，它主张发展中国家必须在部门、企业之间平衡地谋求增长，是西方发展经济学家关于发展中国家的发展战略的一种理论。[②] 教育中的“均衡”意指在资源稀缺的前提下，主客体双方在发展机会、发展程度、资源配置、办学条件等方面处于相对均等的态势。[③] 教育均衡发展是一个历史范畴。推进义务教育均衡发展是建设社会主义和谐社会的基本要求，也是解决新时期我国社会基本矛盾，尤其是教育领域基本矛盾的内在要求。教育均衡发展理论研究教育市场的运行机制、教育产品的内在属性和资源配置问题、教育机会的供求关系，试图通过政策引导、配置资源等手段，促进教育在区域、城乡和学校间的均衡发展。从这个意义上来讲，教育均衡是中国教育布局和发展的战略问题，是关系到国计民生的焦点问题。有学者认为：教育均衡发展是教育公平思想在新时代的发展，从某种程度上说，教育均衡发展这一理论是促进教育公平、推进教育民主化的重要途径。[④] 教育均衡发展的

---

① ［加］迈克尔·富兰：《变革的力量——透视教育改革》，教育科学出版社 2004 年版，第 5 页。

② 马灿杰：《新世纪企业家百科全书》（第 3 卷），中国言实出版社 2000 年版。

③ 翟博：《教育均衡论——中国基础教育均衡发展实证分析》，人民教育出版社 2008 年版，第 11—20 页。

④ 瞿瑛：《论义务教育均衡发展与教育公平》，《教育探索》2006 年第 12 期。

本质在于缩小教育差距，普遍提高办学条件和师资水平，为实现平等对待每一个学生，让他们都享有同等机会和同样优质教育的目标创造条件。[①] 因此，本书以教育均衡发展理论作为研究的理论基础，不仅从宏观上为薄弱学校变革提供了理论依据，而且从国家战略的高度论证了薄弱学校变革的必要性。薄弱学校改造与转型的目的是促进我国教育的均衡发展，最终实现教育公平的伟大目标。因此，教育均衡发展论为本书研究的开展奠定了理论基础，本书将以教育均衡发展理论为指导。

---

① 康开洁：《教育均衡发展理论与实证研究综述》，《教育探索》2008 年第 9 期。

第二章　研究设计

本章在综述文献及分析研究理论的基础上，进行研究设计，具体包括确定研究的基本思路与框架，说明研究所使用的方法，阐述研究的对象、研究的基本过程以及研究中的伦理道德问题。本章将为本书后续研究的开展打下基础，确保研究能够顺利开展，实现研究的目标。

第一节　研究的思路与框架

一　研究思路

通过文献阅读和参与相关教育实践活动，笔者对薄弱学校的生存与改造产生了较为浓厚的兴趣，更对学校文化视角下的薄弱学校改造，也就是薄弱学校文化变革产生了强烈的研究动机与兴趣。在深入思考的过程中，笔者结合已有研究成果与其他学者专家们的意见，选择薄弱学校文化变革作为研究的主题。研究问题提出之后，在文献研究和理论基点的支撑下，明确研究内容和目标，运用问卷调查的方法对个案学校的学校文化进行考察和描述，从物质文化、制度文化、行为文化和精神文化 4 个维度分析考察薄弱学校文化变革的过程与成效，然后从学校文化的视角分析个案学校改造过程中的经验与启示，为其他薄弱学校的改造和发展提出参考建议。具体思路如下：

（一）学校文化的现状考察

笔者将通过实地的观察和深入的访谈，从学校的物质文化、制度文化、行为文化和精神文化 4 个维度来考察个案学校文化的真实状态，这种真实状态包括改造之前的文化状态以及正在变革的文化状态，也就是学校文化的解冻与逐渐冻结的过程，全面呈现薄弱学校文化的真实情况。

（二）学校文化变革的基本过程以及变革的成效

本书将重点考察学校校长是如何带领全校师生对薄弱学校的文化进行变革的，通过长期的观察和实地访谈，从学校的物质文化、制度文化、行为文化和精神文化 4 个维度真实而全面地展示个案学校文化变革的基本过程，并通过访谈和问卷调查了解学校文化变革所取得的成效。

（三）对薄弱学校文化变革进行理性思考

本书将在全面分析个案学校文化变革的过程与成效后，对个案学校文化变革的成功经验进行归纳，总结个案学校文化变革取得成功的原因，为构建有利于薄弱学校发展的学校文化提供参考，为薄弱学校的文化变革提供重要的实证经验和建议，帮助更多的薄弱学校探索通过学校文化变革来促进学校改造的有效路径。

二　研究框架

本书基于学校文化变革的视角对薄弱学校改造进行研究，将学校文化由浅至深划分为物质文化、制度文化、行为文化和精神文化 4 个维度进行考察，分析学校文化变革的过程及其对薄弱学校转型的影响与作用，也就是通过田野调查和访谈等方式呈现薄弱学校文化变革的全过程，对其变革成效进行总结和分析，最后归纳个案学校文化变革的启示和经验，提出促进薄弱学校改造的学校文化变革策略。

本书主体部分共分为五章。第一章为绪论部分，主要是内容的整体介绍，包括阐述研究的缘起、研究的目标与意义、文献综述与核心概念界定以及研究的理论基础。

第二章是研究设计部分。这部分内容主要是对研究的开展进行整体设计，包括确定研究的基本思路与研究框架，阐明研究所使用的具体研究方法，介绍研究的对象，说明研究的基本过程以及研究者的效度与伦理道德问题。

第三章介绍薄弱学校文化变革的路径探索。本章从学校物质文化、制度文化、行为文化和精神文化4个维度，对薄弱学校的文化变革过程进行调查研究，全面呈现薄弱学校文化变革的真实过程，包括变革的具体思路与措施，对薄弱学校文化变革进行深入而细致的剖析。

第四章介绍薄弱学校文化变革的成效。本章将在第三章的基础上，对薄弱学校文化变革所取得的成效进行思考与总结，概述总体成效后，从物质文化、制度文化、行为文化和精神文化4个方面对薄弱学校文化变革的成效进行梳理，全面展示学校文化变革对学校转型发展的影响与作用。

第五章是对薄弱学校文化变革的理性思考。本章将对个案学校文化变革的过程及成效进行理性分析，尝试总结出个案学校文化变革中的优秀经验和启示，为个案学校及其他薄弱学校的改造与发展提供有益的参考与借鉴，帮助更多薄弱学校实现转型发展的目标。

第二节　研究方法

一　质性研究法

质性研究（qualitative research）也称为质的研究，是以研究者本人作为研究工具，在自然情境下采用多种资料收集方法对社会现象进行整体性探究，使用归纳法分析资料和形成理论，通过与研究对象互动对其行为和意义建构获得解释性理解的一种活动。① 质的研究采取了一种由“局内人”（即被研究者）的眼光看世界的取向，强调在自然情境下，对研究对象的生活世界以及社会组织的日常运作进行研究。研究者在与研究对象的自然接触中获得解释性意义。质性研究

① 陈向明：《质的研究方法与社会科学研究》，教育科学出版社2000年版。

“偏重于探讨当前的事件或问题，尤其强调对于事件的真相、问题形成的原因等方面，做深刻而且周详的探讨”。[①] 通常质性研究都是在自然情境下做探讨，不会去改变外在因素，研究者在一旁观看或是参与其中，并通过文件、档案记录、访谈、观察等多种方式来收集资料。进行质性研究并不一定要论证什么，重要的是从实际活动中有所发现。本书要考察薄弱学校的文化变革，首先就要了解学校文化的现状，对于学校文化的考察需要研究者进入学校真实场域，与学校师生一起体验学校的文化，这样才能对学校文化进行准确而深入的把握。因此，结合本书研究的主题与研究问题，采用质性研究方法很合适。通过质性研究的方式，探索薄弱学校文化变革是如何发生的，通过实地观察和访谈的方式，考察学校物质文化、制度文化、行为文化和精神文化的真实状况及其变革过程，最后结合问卷调查的方式，调查薄弱学校文化变革的成效，尝试揭示学校文化与薄弱学校改造之间的内在机理。研究的目的在于揭示个案学校的真实情况，解决个案学校存在的问题，而不是去验证假设或者推广经验。质性研究与本书研究的主题及基本思路相吻合，因此选择这种研究方法。

二　个案研究法

个案研究是以一个个体或以一个组织为对象，研究某项特定行为或问题的一种研究方法。[②] Stake 把个案研究分为本质性个案研究和工具性个案研究。[③] 其中，本质性个案研究是研究者针对已知的特殊个案进行的研究，研究者对其感兴趣不是因为研究它可以了解其他个案的情况，也不是为了得出一般性的结论，而是因为研究者需要认识和了解这个特殊的个案。比如政府部门需要对某个乡村的教师生存状况进行了解，然后组织专家对该乡村进行具体的调查研究。工具性个案

① 林重新：《教育研究方法》，（台北）扬智文化事业股份有限公司 2001 年版。

② 同上。

③ Stake，R. E.，*The Art of Case Study Research*，Thousand Oads：Sage Publications，1995，p. 169.

研究则是研究者提出了一个需要进行研究的问题，然后通过选取个案的方式来对研究问题进行解答，此时的个案只是作为研究者完成任务的工具。本书关注的是学校文化变革与薄弱学校改造之间的内在联系，也就是薄弱学校文化变革对于薄弱学校转型发展的作用机制，我们希望通过深入探寻薄弱学校文化的变革过程，实现薄弱学校的改造与发展。基于此，本书选取一所典型的薄弱中学为个案，并以学校的师生作为访谈和研究对象。本书的研究以个案研究的方式展开，但其重点并不完全在个案本身，而是希望通过个案认识薄弱学校文化变革的过程及其成效，进而分析文化变革对学校改造的积极影响。在这里，个案只是研究的工具。因此总体看来，本书采用的是工具性个案研究法。每一所学校都有属于自己的学校文化，薄弱学校也是如此，只不过薄弱学校的文化更多是消极性的。不同的文化会造就学校发展的不同样态，本书以一所中学为研究对象，研究某个情境之下的某一个特定问题，即薄弱学校文化变革问题，这与个案研究法一致。而且采取个案研究法，有助于更深入、长期地考察学校文化的真实情况，了解学校文化变革的全过程，从而探究学校文化变革的实际成效及其对学校发展的促进作用。因为研究学校文化，特别是本书所要分析的学校文化深层次的精神文化，必然要求研究者长期观察和深入访谈，只有这样，才能准确掌握学校文化的真实状态。

三 收集资料的主要方法

（一）问卷调查

本书在参考相关学校文化调查的基础上，从物质文化、制度文化、行为文化和精神文化 4 个维度编制了学校文化调查问卷，对学校的教师和学生进行问卷调查，收集相关数据，了解个案学校文化变革所取得的成效以及师生对于学校文化的满意度。

（二）访谈

本书制定了详细的访谈提纲，对学校校长、教师及学生进行了访谈，尤其是对校长进行了多次深入的访谈，围绕学校文化变革的具体措施以及学校改造过程中所面临的阻力、动力，进行了详细了解；同时对部分教师及学生进行了访谈，了解他们对学校文化变革的态度与感受。笔者对访谈内容进行了录音与记录，对访谈资料进行了认真的分析。本研究还访谈了学校管理方面的专家，例如笔者时刻保持同导师的联系，询问导师的相关意见和想法，这些都指导笔者更好地进入现场及开展研究，因为笔者的导师曾长期担任中小学校长，对于中小学管理具有丰富的理论知识与实践经验。

（三）实地观察

笔者深入学校现场进行实地观察，通过收集各种学校相关文件资料、档案资料，观看学校展览与参加各种学校会议，研究学校师生的一些典型案例，详细记录了学校文化变革的过程及师生的感受，还拍摄了各种照片。笔者进入 A 中学，观察学生在课堂上及课外活动中的行为；观察教师的课堂教学行为和课后的交流行为；观察学校管理者的各种管理行为。把所有观察到的行为都认真记录下来，做深入细致的分析和思考。例如笔者曾专门花了两天的时间在校园里随处观看，了解学校的各种文化标语及宣传，还曾绕着校园外的街道进行观察，了解学校周边的整体环境与文化氛围。

（四）参与式研究

这种方法是通过直接感知和直接记录的方式，获得由研究目的和研究对象所决定的一切有关社会现象和社会行为的信息。笔者将与个案学校的部分教师建立密切的学术合作关系，与他们在短时间里共同学习、工作，了解他们在学校的日常工作状态，倾听和体验师生对于学校文化变革的感受与想法，同时笔者将参加学校的相关会议，并与学校师生共同讨论和交流，就如何推动学校文化变革发表自己的观点和建议。

第三节　研究对象

一　研究对象的选择

本书的主题是以学校文化的视角来探究薄弱学校改造的过程及成

效，也就是研究薄弱学校如何进行文化变革。要深入探究和解答文化变革与薄弱学校改造的内在关联，需要选择一个典型的个案。确定了研究主题与研究问题之后，笔者与硕士导师进行了深入的沟通与交流，导师认真听取了笔者研究的大致框架，然后推荐了三所学校以供选择。笔者查看了各学校官网的信息，并依据学校的典型性和调研的方便性原则，最终选取了广州市 A 中学作为本书的研究对象。研究的进展以及收获也证明了，选择 A 中学作为研究个案是正确的。具体而言，选择 A 中学有如下 3 个原因。

第一，A 中学在 2010 年之前是一所非常典型的薄弱学校，教师队伍质量、学校生源、教学质量以及学校基础设施都很差，相关教育行政部门甚至计划过要把该校撤掉，改成其他机构。A 中学校长曾撰文指出："曾几何时，A 中学也是毛毛虫的世界：基础设施差，办学条件落后；地处城乡接合部，学校生源大部分来自周边城中村，属于广州市最后一组生源组，学生未能养成良好的学习习惯和行为习惯，文化基础比较薄弱；优秀师资流失，学校管理水平不见起色，教学质量差，学校社会声誉不好。简言之，这是一所典型的薄弱学校，从 1956 年秋建校起，一直薄弱到 21 世纪初。"① 由此足以看出，A 中学一直是一所薄弱学校，直到新领导班子上任开始着手对薄弱的 A 中学进行改造。

第二，A 中学 2012 年上任的 Z 校长，开始对学校进行变革与改造。在与校长的深入访谈和交流中发现，她改革的思路与理念就是通过学校文化的变革来促进薄弱学校转型发展，Z 校长说："针对学校情况，学校领导班子经过深思熟虑，决定将文化建设作为改薄兴校的切入点，进而全面改造学校。"这个改造的思路与本书研究的主题吻合，而且该校的文化变革正在进行，笔者有机会能够深入调研和了解该校文化变革的整个过程，能收集到详细的研究资料，进行系统而深入的研究。

① 曾丽芬：《构建艺术跑道，助飞人生梦想》，《中国教师》2016 年第 4 期。

Z校长大学本科时学的英语专业，后来因为热爱教育、热爱校园，又继续攻读教育硕士学位。硕士毕业后，Z留在广州市白云区工作，一直从事与教育相关的工作，至今已有21年的从教经历。最开始时Z在一所完全中学任职，一年后调往另外一所中学。Z在二十多年的教育教学过程中，对学校、学生都有自己的一套管理理念和方法，也积累了大量的管理经验。在每一次的访谈中，Z都给人一种非常和蔼可亲的感觉，笔者能真切地感受到Z是一位很有能力、很有思想、很有干劲的好校长。正是Z在管理学校方面的优秀表现，市教育局于2012年决定派Z到A中学担任校长，希望她能改变薄弱的A中学。

得到这个消息后，Z一开始也不知所措，因为她虽然没去过A中学，但是在几次市教育大会上，清楚地了解到A中学是一所非常典型的薄弱学校，市教育局对A中学也基本不抱任何希望，每年下达的高考任务指标都非常少。同时，Z的同事也劝其不要到A中学任职，因为那里根本没有什么发展空间。后来，Z经过慎重思考，坚决地服从上级组织的安排，毅然前往A中学任职。Z坦言，作为一名教育工作者，不该惧怕困难，应该到最困难的地方去磨炼自己，她认为从事教育工作，应该怀着一颗爱校、爱生的心，而不应该过多关注自己的升职加薪。Z笑着说，别人都是从低一级的学校逐渐往高一级的学校任职，而她恰好相反，先在国家级示范高中任职，后来调往省一级中学，然后又去了市一级中学，现在又来到了A中学。2012年2月9日，Z怀着对教育的热情，带着改变A中学薄弱现状的决心，正式到A中学担任校长一职。(来自与Z校长的访谈)

第三，本书的研究得到A中学Z校长的大力支持与欢迎。Z校长是笔者导师所负责的广州市校长培训班的一名学生，通过导师的介绍，笔者很快与Z校长取得了联系。Z校长很欢迎笔者到A中学进行调查和研究，给笔者提供了很多便利，包括后来笔者进入学校现场，只要一说是 Z 校长介绍来的，该校的门卫以及师生都给予笔者极大的便利，笔者可以任意出入学校，并且在收集资料以及进行访谈时也得到师生们的积极配合和帮助。尤其是在与 Z 校长进行深入访谈时，她都专门预留整段的时间与笔者交流，并告知了笔者关于该校的诸多真实情况，Z 校长也希望笔者的研究能够为 A 中学的改造与文化变革提供更好的建议和参考。

二　个案学校的基本情况

（一）个案学校的过去：一所典型的薄弱学校

在 Z 校长对 A 中学进行改造之前，A 中学是广州市白云区一所典型的薄弱学校。通过访谈与观察，笔者发现其薄弱情况主要体现在以下方面：

1. 基础设施差，学校办学条件落后。Z 到 A 中学任职时，发现该中学的教学楼和学校大门都非常破旧。课堂使用的黑板也破烂不堪，还没有使用多媒体等辅助性的教学工具。美术学生上课使用的画室非常凌乱和拥挤。学校的门卫说，以前学校的大门破旧，可以随意进出。A 中学的工会主席 L 老师说，该校曾一直努力申请为广州市一级学校，但是学校面积太小，基础设施等硬件也非常落后，又得不到上级的拨款，所以一直没有成功。

2. 地处城乡接合部，学校生源差。A 中学位于广州市白云区，地处城乡接合部，学生大部分来自周边农村，学生未能养成良好的行为习惯，文化基础比较薄弱。Z 校长说，她刚到学校任职时，学校经常发生学生打架的事件，课堂纪律非常糟糕，没有几个学生能够认真听讲，有的学生即使想听，但由于文化基础薄弱，也很难听懂。笔者 2013 年 1 月 6 日和几名高二同学交流发现，这些学生的家长以前根本不会过问他们在学校的学习和生活情况，家长对他们在学习上已经不抱什么希望。同学们说，A 中学是一所很差的学校，都是一些考试成绩差的人才来到这里。

3. 师资力量薄弱，教学质量差。A 中学优秀一点的教师都流失了，剩下的教师基本都是在“混日子”。每年教育局给 A 中学下达的高考任务指标很少，对这所学校的拨款也很少。由于没有得到教育局应有的重视，学校管理者和教师积极性不高，教师待遇不好，也无心关注学校的教学质量，导致 A 中学高考成绩很不理想（见表 2－1）。

表 2－1　2010 年和 2011 年 A 中学高考情况（来自 A 中学内部资料）

届	报考人数	一本上线人数		
		文化生	音乐生	美术生
2010	321	1	1	1
2011	352	0	1	1

4. 领导不和，学校管理水平差。访谈中得知，近年来，A 中学的校领导之间一直有矛盾，校长和书记不和，各有各的想法，很难统一行动。有些校长刚上任时也是满怀激情，希望对学校进行改革，提高学校的办学水平，但是却很难得到书记的支持，主要的校领导关于学校发展的意见不统一。这样慢慢地，人们都安于现状，保持现状，对学校的落后面貌习以为常，不思改变。Z 校长说，2012 年政府部门规划要修一条路，恰好 A 中学就在这条路线上，上级部门本来决定把 A 中学拆了，优先修路。学校领导中，部分领导对此表示赞同，部分领导极力反对。

5. 学校声誉差，社会形象不好。通过与 Z 校长的访谈以及与学生们的交流笔者了解到，学生及家长之前对 A 中学的评价大概一致：“A 中学是一所办学较早的老学校，多年来一直是老样子，硬件设施很差，教学水平未见有明显的起色，和同级学校相比缺少教学特色，教学成绩不突出，每年的生源质量都不好。”可见，A 中学从硬件到软件水平都比较糟糕，学校的发展较迟缓，落后于其他学校。

（二）个案学校的现在：一所正在转型的特色学校

Z 于 2012 年 2 月 9 日正式担任 A 中学校长一职，上任伊始就对 A 中学进行系统的文化变革，以推动学校的转型发展。经过全校师生的共同努力，薄弱学校改造效果明显，2012 年 6 月，学校以艺术发展为特色，成功更名为“艺术中学”，成为广州市唯一一所培养美术生和音乐生的高中，打造出了自己的艺术特色。从学校的官网及相关的文件资料可以看到，学校现为广东省普通高中教学水平评估优秀学校、广州市特色学校、广州市一级学校、广州市绿色学校。学校改造取得了一定成绩，具体体现在以下方面：

1. 学校整体环境优美。学校环境优雅，到处都呈现艺术元素，在不经意间能给师生艺术的熏陶。进入校门，就能看见艺术广场，广场的左侧是布满音乐元素的畅想楼，给师生以想象的空间；畅想楼左侧是假山、流水，墙壁上雕有卢仝的《风中琴》；畅想楼后面是具有岭南建筑风味的灰色围墙，墙壁上有艺术名家简介。艺术广场的右侧，橱窗知识栏掩映在榕树下，给人以美的享受。艺术广场的正面是教学大楼，大楼的窗户是呈现岭南艺术风格的红色图窗。穿过教学大楼就是综合大楼，大楼前屹立着四尊冼星海等名家的铜像，给师生以艺术的熏陶。学校先后被评为全国作文教学先进单位、白云区德育示范学校、广州市学校民主管理星级考核评比三星级单位、广州市无偿献血先进集体、广州市教育工会先进教职工之家、广州市陶艺综合实践活动先进单位、广州市白云区防范和处理邪教工作先进集体等。

2. 学校硬件设施完备。学校占地 28719 平方米，生均占地 33.4 平方米；校舍建筑面积 15987 平方米，生均建筑面积 18.6 平方米；体育活动场所面积 14541.2 平方米，生均体育活动场所面积 16.8 平方米。体育场地及设施设备满足教学需要，学校现有 300 米环形跑道运动场，体育馆及 3 个标准篮球场，5 个排球、羽毛球场，15 张乒乓球台。学校按新课程标准及艺术特色教育需要，配齐常规教学仪器设备和实验器材，有独立的音乐楼、美术楼。音乐楼现有舞蹈室、音乐厅，有数码钢琴室 2 间、专业琴房 35 间、乐器室 5 间等；美术楼有美术画室 6 间，有美术创作室、书法室，有美术作品展览室；拥有物理、化学、生物、通用技术等实验室；每间课室、专用场室均配备了多媒体教学平台，每位专任老师都配有工作电脑，学校有信息资源库和教学软件，有 71 台计算机的学生电子阅览室与信息资源库连接，电子读物可以满足教学和学生阅读需要，教学设施设备也可以满足日常教学和艺术特色教育要求。学校现有藏书 64051 册，生均拥有图书 75 册，近三年，每年都保证平均每生递增图书 1 册以上，报刊总数 152 种，教参、工具书 300 种以上；学校新建了许多建筑（如图 2－1 所示）满足学生的需要。

新建的综合楼

新建的校史室

改造后的跑道

新建的阶梯教室

图 2－1　A 中学的建筑

3. 学校师生力量增强。学校现有行政班 20 个，其中音乐班 5 个、美术班 9 个、普通文化班 6 个，在校学生 860 人。学校现有教师 93 人，其中专任教师 88 人；本科学历 85 人，研究生学历 3 人，12 人拥有硕士学位，学历达标率为 100%；中学高级教师 23 人（含 3 名研究生），占教师总数的 24.7%。教师中现有广东省骨干教师培养对象、广州市百千万工程名教师培养对象、广州市骨干教师、广州市教研会副理事长，区名师培养对象5人、区骨干教师培养对象10人。涌现出“南粤优秀教师”1人、广州市优秀教师10人、广州市优秀班主任8人、区政府嘉奖13人、白云区优秀教师4人、优秀德育工作者2人、优秀青年教师3人。美术科组被评为广州市先进科组，音乐科组被评为区青年文明号，地理科组荣获2011年高考突出贡献奖，文数、文综组荣获2012年高考突出贡献奖。学校已打造了一支由省、市、区骨干教师，区学科中心组成员以及校级学科带头人、教学能手组成的骨干教师队伍。

近年来，全校师生务实合作、坚毅奋进，学校教育教学质量快速提升。基础年级各学科的成绩长期位于同层次学校的前列，在生源组是广州市第六组的情况下，高考成绩连年攀升，连续三年荣获广州市毕业班工作二等奖，2011年在广州市排第七十二位，在白云区排名第四，2012年在广州市排名第五十八，在白云区排名第三，高考总结《创科学精细管理，撑艺术一片蓝天》被收入《2012届广州市高中毕业班工作经验材料汇编》。每年不少学生考上中国人民解放军艺术学院、华南理工大学、华南农业大学、广州大学、广州美术学院、星海音乐学院等高等院校。

4. 学校教学特色突出。学校在坚持国家课程基本要求的基础上，根据社会的需求和学生个性发展的需要，充分挖掘社区资源和学校资源，开设了艺术选修课。目前，学校艺术专业学生的选修课包括：音乐、美术两大类。其中音乐类课程包括声乐、乐理、视唱、练耳、器乐，音乐专业钢琴、声乐课实行一对一授课；美术类课程包括速写、素描、色彩。其他艺术选修课还有：《播音与主持》《高中语文课本剧改编》《英语影视欣赏》《水仙雕刻技艺与养殖》《基础乐理》《音乐与舞蹈》《民间音乐》《色彩静物》《设计》《摄影》等。为推动学校艺术特色的发展，学校重点打造学生社团，现有合唱团、舞蹈社、礼仪社、管乐社、动漫社、书法社、扎染设计与制作社、摄影社等。学生参加区、市、省等的艺术竞赛活动，捷报频传。

如今A中学教学楼的墙壁上贴满了学生的作品（如图2-2），在老师们的带领下成立了各种各样的学生社团，班级还成立了班级事务管理委员会。学校教学内容丰富，形成了两大办学特色，即将学校德育和美育引进课堂。A 中学校门口挂着许多牌子，如“市级重点学校”“绿色学校”等，这些都记载着 A 中学所取得的辉煌成就。

图 2－2　学生作品

第四节　研究过程

一　进入学校前的准备

读研究生期间，笔者就对学校文化的相关研究较为感兴趣，后来在导师的指引下开始关注教育实践。在不断的阅读与思考过程中，笔者关注到薄弱学校的生存与发展问题，并将其与学校文化进行结合，提出了学校文化视角下薄弱学校改造的研究主题。这个研究主题得到了导师的认可，导师为笔者的研究提供了很多的帮助，包括推荐笔者去参观一些中小学，与校长进行对话等。在这些走进教育实践的过程中，笔者越来越清晰地认识到学校文化对于学校发展的重要性，薄弱学校文化变革的急迫性。在导师的帮助之下，笔者选取了广州市的一所中学作为个案，试图通过对个案的实地调查来解答本书所提出的研究问题。

首先，寻找一位合适的“守门员”，获得进入学校的通行证。对于个案研究和质性研究而言，能够自由地进行深入调查是十分重要的，也就是需要获得“守门员”的同意。陈向明指出，“守门员”指的是那些在被研究群体内对被抽样的人具有权威的人。[①] 笔者考虑到要对个案学校进行长时间的深入研究，要获得最丰富的研究资料，必须得到该校校长的同意，所以通过导师的关系与帮助，与个案学校的校长取得了联系，并得到了校长的欢迎和帮助，这为研究的顺利开展提供了非常重要的保障。笔者后期的访谈，对调查资料的收集等，都离不开校长的支持。经过长时间的研究，笔者也与学校校长建立了密切的研究关系，笔者可以通过电话、邮件以及微信等诸多方式与校长联系，这不仅为研究节省了大量的时间和精力，还有利于收集更多、更重要的研究资料。由于笔者的研究得到了校长的支持，所以个案学校的师生也很积极、主动地配合本书研究。

其次，对薄弱学校改造和学校文化建设方面的文献进行广泛收集和整理，拟定访谈提纲和编制学校文化调查问卷。为了更为有效地收集数据资料，笔者在进入研究现场之前，广泛地阅读了相关的研究文献，结合中小学教师的实际情况，编制了相关的调查问卷，并发给笔者的几位教师朋友进行审阅，同时邀请了研究学校文化的两位专家学者对问卷提出修改意见。与此同时，笔者还对个案学校的基本情况进行了认真的了解，为今后进入现场调研做好充分的准备。

最后，进行专家咨询，了解薄弱学校改造方面的理论知识与实践情况。笔者的导师对于薄弱学校研究以及薄弱学校改造的现实情况了解很深，笔者在进入研究现场前，多次向导师请教关于薄弱学校改造方面的理论知识和薄弱学校改造的社会现实，尤其是就关于如何有效进入学校现场以及广泛收集材料进行咨询，得到了诸多帮助和建议。笔者在即将进入个案学校现场前，还与其他相关研究者进行过交流，针对他们提出的建议对研究计划进行了认真修改和完善，为进入学校现场做好了充分的准备。

二　实地调研阶段

笔者 2012 年 12 月进入 A 中学开展实地调研，那时 Z 担任 A 中学

---

① 陈向明：《质的研究方法与社会科学研究》，教育科学出版社 2000 年版，第 151 页。

校长恰好半年，正在准备对个案学校进行改造，摆脱学校薄弱的现实困境。进入学校现场之后，笔者很快就见到了带领全校师生进行文化变革的Z校长。Z校长对学校文化进行改造与重建，并取得了一定的成绩，她很欢迎笔者到学校来进行实地调研。一方面笔者的研究与其进行的学校改革主题完全一致，不仅可以有效总结学校文化变革的成效与经验，还能对个案学校文化变革提出一些参考建议，帮助学校更好地进行文化变革；另一方面，笔者对于该校的研究成果将有助于宣传和扩大个案学校变革的成效与经验，为其他学校的变革提供启示，能在一定程度上扩大学校的影响，提升学校的社会声誉。

第一次进入A中学调研时，笔者首先与该校的校长进行了长达一个小时的深入访谈，收集了大量有关个案学校及其文化变革方面的文字资料。Z校长还给了笔者一些文本资料，让笔者阅读。更为重要的是，访谈结束之后，Z校长还带笔者参观了校园，在走访校园的过程中，给笔者介绍了学校的诸多景观及其文化蕴意，为笔者深入了解学校的文化变革提供了有益的帮助。

第二次进入A中学进行调研时，笔者有机会接触到个案学校的一些老师，在Z校长的帮助下，笔者能较为顺利地与相关的教师进行访谈，了解他们对于学校及其变革的感受。这些访谈为研究的开展提供了很多有用的数据资料。同时笔者还得到了一些学校内部网站提供的信息，为研究的开展积累了丰富的资料。笔者在得到教师的允许之后，还有机会到课堂去听课，观察教师的课堂教学，包括教师和学生在课堂中的具体行为。

此后，经过一段时间的接触和了解，笔者与学校的校长及部分教师建立了较为密切的研究关系。笔者可以自由地进入个案学校以及走进相关教师的课堂。在对个案学校进行长达半年的现场研究后，笔者后期经常通过关注学校网站，与校长、教师进行电话访谈的方式更为便捷地获取研究所需要的信息，为研究的开展节省了大量的时间。尤为重要的是，通过前期的实地调研，笔者与Z校长建立了很好的合作关系，Z校长愿意给笔者提供各种研究所需要的数据资料，并将学校的相关文件给笔者看，当笔者有任何疑问或需要帮助时，Z 校长都会及时地帮助笔者，这为研究的开展提供了重要的保障。

当笔者将收集的数据材料进行归纳和梳理后，就进入写作环节。当笔者感觉相关的数据材料不够详细时，就会继续深入个案学校进行田野调研，深入追踪学校文化变革的进展。笔者的实证调研过程经历了较长的时间，使笔者对个案学校文化变革的过程有了较为深入的了解。

三 研究者的角色定位

在质的研究方法中，研究者本人就是一个有效的研究工具。“质的研究不仅受研究者个人因素的影响，而且在很大程度上受到研究者与被研究者之间关系的影响。”① 为了尽可能发挥研究者作为研究工具的重要作用，同时避免研究者本人与被研究者之间关系对研究产生的不利影响，笔者在进入个案学校调研的过程中，始终将自己的角色定位为研究者与合作者。作为一名研究者，笔者从学术研究的角度，对学校及其文化变革的情况进行客观观察，收集资料和分析，与个案学校的师生们不产生任何的利益、关系冲突。同时作为合作者，笔者与学校师生建立了良好的信任关系。这种关系的建立能够让学校师生减少对笔者的防卫心理，将更多真实的想法与感受告知笔者。更为重要的是，通过这种合作关系，笔者能够让师生相信，研究的开展能够帮助学校更好地进行文化变革，同时促进学校的发展，可以让学校教师和学生意识到本研究对其是有价值和有意义的。这样他们就更愿意花时间与笔者进行交流。研究者的这种角色定位为研究的开展带来了诸多便利。笔者可以参加学校管理层面关于学校及其文化变革的交流会议，可以参加中小学教师的集体备课活动，可以参加学生社团组织的各项文体活动。这种深入参与的方式，也让笔者对于学校文化有了真实的体验，能更准确地把握学校文化的真实状况。

---

① 陈向明：《质的研究方法与社会科学研究》，教育科学出版社 2000 年版，第 151 页。

第五节　研究的效度与伦理道德问题

一　研究的信度与效度

质的研究要求“研究者”本人作为研究的工具，“研究者”本人参与到研究的调查之中，并从“研究者”的视角对相关问题进行考察，因此在观察及解释问题的过程中就难免加入研究者本人的主观感受。虽然“质的研究对‘效度’的定义和检验并不如量的研究那么清楚”,① 但为了保证研究数据的真实性，笔者采用了多种不同的方法进行数据资料的收集，使所收集到的资料之间形成互证；同时由于学校的规模不大及教师的数量不多，笔者在观察与访谈时尽量做到全面，倾听学校群体中的不同声音，并对数据资料中出现的一些问题进行回访，尤其是在对教师进行问卷调查的时候，采用了全面调查的方式，调查了全校所有的教师。除此之外，笔者还与一位研究学校文化的硕士生一同到个案学校进行访谈和观察，笔者与其进行了深入的交流，以提高研究的科学性，确保研究的信度与效度。笔者亲自对所有的访谈录音资料进行整理，确保录音资料所形成的文字与访谈者所表达的意思一致。个案学校的校长曾经是笔者导师校长培训班的学员，凭借这一层关系笔者发现，Z 校长十分支持笔者调查，给笔者提供了很多详细而真实的研究资料。个案学校的教师也积极配合笔者的研究工作，愿意接受笔者的访谈，认真回答访谈的各种问题，并能说出自己对学校的真实感受。随着研究的推进，笔者与 Z 校长及部分教师建立了良好的关系。以上这些策略和方式为确保研究资料的真实性，提供了十分重要的保障。

二　研究的伦理道德

任何一项社会研究都会涉及伦理道德问题，尤其是采用质性研究

① 陈向明：《质的研究方法与社会科学研究》，教育科学出版社 2000 年版，第 151 页。

方法的个案研究更应关注研究的伦理道德。研究者对伦理道德问题的关注，能促进研究的顺利开展，确保被研究者的权益不受侵害。为了使研究遵守基本的学术伦理，笔者主要遵循以下几条基本伦理原则：

一是自愿原则，尊重访谈对象的意愿。笔者在进行观察和访谈之前会征求访谈者的意愿，对教师和学生都是如此，在他们同意之后笔者才对其展开观察和访谈。需要进行录音时，笔者也会征得被研究者的同意。对于不愿意接受观察或访谈的对象，笔者也表示理解，并不会动用其他力量来迫使被研究者接受访谈。

二是隐私原则，保护被研究者的个人信息。笔者在进行研究的过程中，非常注重保护学校及师生的隐私，极力避免研究给学校及师生带来不良的影响。本研究所要收集的资料基本都是与学校文化及学校发展相关，不涉及教师或学生的私人秘密，同时本研究所收集的所有研究资料都将用于学术研究，不会用于其他地方，在研究资料的呈现及分析中，笔者全都采用了匿名处理的方式，隐藏师生的真实姓名，充分保护学校师生的隐私。

三是互惠原则，与被研究者建立良好的合作关系。笔者作为一名研究者对个案学校进行观察和调研，所研究的主题与个案学校所进行的改革关系紧密，在参与学校及教师各项活动的过程中，笔者也会在学校及教师的允许下，利用自己的专业知识和研究发现，为个案学校提供一些好的建议和参考，帮助和促进学校及师生的发展。尤其是当有教师问及笔者关于读研和考研的问题时，笔者也会热心地解答，并通过这种方式与学校的教师建立了良好的合作关系。通过访谈，不仅笔者能收集到研究所需的资料，学校及教师也有所收获。

第三章 薄弱学校文化变革的路径探索

薄弱学校如何通过学校文化的变革来摆脱薄弱的现状，实现转型发展，是本书关注的主题。对于什么是学校文化，不同的学者有不同的观点。但大体而言，学校文化作为现代学校存在的最高价值，是引领学校发展和提升学校办学质量的动力因素，也是创建学校特色与实现学校育人目标的行动指南。通常而言，学校文化是学校师生群体在很长一段时间的教育教学活动和学校管理实践中所积淀和形成的物质环境、制度规则与精神追求的总和，对学校全体师生的日常行为具有规范与引领作用，也是一所学校区别于其他学校的重要标志。我国学者赵中建在《学校文化》一书中将学校文化分为物质文化、制度文化、行为文化和精神文化，并认为学校文化对学校发展起着关键的作用，对学校文化进行变革可以实现学校的优质发展。① 这种学校文化的圈层模型（见图 3－1）简明、直观地描绘了学校文化的不同表现形态，以及这些文化形态的外显与内隐特征。② 这种学校文化结构的划分能帮助研究者较为直观且系统地把握学校文化的真实状况，是学校管理者建设学校文化的基本样态。因此，本书采用这种划分方法，通过走进个案学校真实场域，采用田野观察、参与式研究、深入访谈等方式，以学校文化为切入点，从学校文化的 4 个维度来探索薄弱学

① 赵中建：《学校文化》，华东师范大学出版社 2004 年版。

② 李亦菲：《对学校文化的要素与结构的分析》，《天津师范大学学报》（基础教育版）2008 年第 1 期。

校文化变革的措施与路径，全面而真实地呈现薄弱学校文化变革的过程。

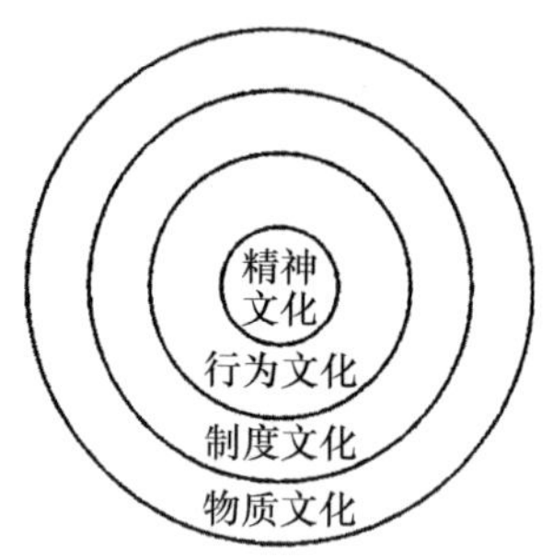

图 3－1　学校文化圈层模型图

第一节　学校物质文化变革的过程

访谈资料一

学校的校园环境虽然是学校最表层的东西，但是我相信它们对师生的影响是很大的，是潜移默化的。第一次来到该校，我看见那个破烂的校门，一些狗之类的动物在校园内乱窜，我都不敢相信这是一所学校。后来，我想召开一次教师大会，负责的老师告诉我，我们的会议室很小，很乱，已经很久没用了。我想，该校的校园环境必须得改，这样的环境下学校是没有办法正常运转的。

我清楚地知道最先要改变的是学校的校园环境，但是到底如何去改？怎么推行？我也想了很久。后来，市教育局启动了重点学校建设项目，这让我看到了希望。我抓住这个机会，积极发动全校教师一起探讨学校重建计划，撰写申请表，报上级部门审批。经过一系列的过程，我们终于顺利地得到了批准，不仅得到了教育局的大量拨款，还得到相关领导的重视，我们的校园规划建设得到了教育局领导的指导，经常有相关领导莅临我校视察与指导。看到有市领导来学校指导，老师和学生们也似乎看到了希望，他们内心也希望学校能有新的变化。

其实，抓住这个机会之后，学校物质文化的建设整体上还是比较顺利的。我们主要从两个方面着手：工程项目由建筑工人实施，校园清洁与美化由全校学生共同参与。后来为了赶在12月学校评估之前完成所有建筑项目及清洁工作，全体师生都积极投入，那段时间我发现我们的师生是非常团结的，期间还发生了很多感人的故事，我们都希望给市领导展现一个最美丽的校园，希望能顺利通过评估。在物质文化的建设中，我的意见基本都得到了大家的认可，因为校园的脏、乱、差是他们能亲眼看到、亲身体会到的，他们也希望能在一个美丽的校园环境中学习与工作。看着学校一天天地改变，学生心里是高兴的，他们从被强制参与转变为主动爱护学校物资、美化校园。

学校的整体规划与安排都由我负责，但是所有的师生都参与到学校校园环境的创建之中，比如学校校徽的设计、人文景观的选取，等等，都是大家一起讨论的结果。其实，每做一个决定，我都会先和学校管理者进行讨论，然后是全体教师，最后扩展到全校学生。我希望培养学生的主人翁意识，让他们感觉到自己是学校的重要成员。学校校园美化也是凝聚师生、形成学校精神的途径。

学校物质文化是学校文化的外壳，是能够看得见、摸得着的，是学校文化存在与发展的物质基础，同时也是学校精神文化的外显与载体。富有内涵的物质文化环境，往往体现学校的价值目标与审美意向，是学校管理者追求的物质文化样态。可以说，一方面学校师生创造了物质文化，另一方面物质文化又影响着师生的行为与追求。有研究者指出，学校物质文化具有三方面的功能①：第一，标志性和激励

---

① 付云：《学校文化简论》，《现代中小学教育》2006年第4期。

功能，主要体现为良好的场地设备为学校的教学科研活动提供了物质基础，学校物质环境作为一种文化因素渗透到师生的日常生活行为之中；第二，审美功能，学校的物质环境是一种美的体现，体现了学校对于美的追求与创造；第三，“无意识”功能，学校物质文化虽然是静态存在的，却能发挥其隐性课程的功能，对师生起着潜移默化的熏陶与感染。鉴于学校物质文化对于学校师生及学校发展的重要作用，中小学管理者十分重视学校物质文化环境的改善，努力创设适合师生生活的校园环境。笔者结合与个案学校校长的访谈以及个案学校物质文化变革的具体措施，从学校的整体规划与布局、学校的标志性建筑、学校校徽及学校的人文景观等方面展示个案学校物质文化变革的过程与路径。

一 遵循“以生为本”的原则，重新对学校进行规划与布局

学校的整体规划与布局是学校建设的一项系统工程。一方面，它体现了学校的外在形象，反映了学校的整体风貌；另一方面它又反映了学校环境育人的宗旨。学校规划与布局主要体现在学校功能的分布上，如教学区、办公区、生活区与运动区等，学校各区由于功能不同应保持相对独立，同时由于需要共同发挥育人的功能，又要保持相互协调。改造之前的 A 中学，校园面积本来就不算大，而且未进行合理规划，导致校园利用率不够，校园整体环境比较糟糕，各区的功能之间没有进行有效协调，例如，在改造之前，学生从宿舍去食堂吃饭要穿过学校的教学区，没有严格划分教学区和生活区，给学生的学习与生活带来诸多不便。

鉴于学校办学条件差于市区其他学校，Z 校长做的第一件事就是召开全体教师会议，要求大家针对如何改善学校硬件条件提出意见。经过数次全体教职工会议的讨论，Z 校长亲自撰写学校规划与布局报告，反复地修订与论证，最后呈送上级教育领导部门审批。一个月之后，该报告得到了区教育局领导的批准，教育局给学校拨了改造经费。获得上级的批准与经费支持后，Z 校长就带领全校师生投入学校

的重建工作。师生们非常热情地参与校园环境的改造活动，因为学校师生突然感觉到学校获得了上级领导部门的关注，有了一种自豪感与荣誉感，因此愿意以“主人翁”的姿态对学校进行改造，让自己所在的学校变得更加美丽。重建校园顿时成为全校师生的一种责任，每个人都愿意用自己的智慧和力量去承担这种责任。

学校的整体规划与布局是美化校园，形成优秀的学校物质文化的重要基础。学校领导班子成员经过民主讨论与充分交流后，一致同意学校的整体规划与布局应遵循“以学生为本，方便学生”的原则。Z校长说：“学校是学生的学校，是学生学习和生活的重要场所，我们希望学生变得优秀，为校争光，就应该充分体现学生的主人翁地位，真正做到方便学生。”学校整体规划与布局一方面遵循“以学生为本”的原则：特别重视绿化带的建设，为学生营造一个美丽舒适的校园环境，学生宿舍靠近教学楼、运动场和食堂，方便学生上学、运动和吃饭；另一方面还突出艺术特色：让学生在一所充满艺术气息的校园内学习与生活，让学生时刻感受到学校是一个美丽舒适的学习生活场所。现在，我们看着A中学的校园环境与布局，确实能够感受到学校“以学生为本”的关怀和突出艺术特色的优美。根据A中学平面图（见图3－2）的指引，我们一踏入校门就可以看见一个很大的艺术广场，艺术广场后面是教学区，有4栋楼，综合楼的后面是美术楼和音乐楼，再后面则是绿化带和运动场，教学楼的左侧是学生食堂和音乐厅。这样的布局不仅让学生的学习、生活和运动变得更加方便，还凸显了学校的艺术气息，为学校打造艺术特色奠定了良好的物质基础。

二　新建学校综合楼，为学生学习提供设施保障

学校建筑是学校物质文化的载体和显现，良好的学校建筑总是自觉或不自觉地反映学校的精神文化内涵与特色。根据学校师生的回忆，A中学综合楼所在地以前是两栋特别破烂的楼房，里面的硬件设施不仅不能为学生提供必要的教学条件，还严重影响学校的校容，同

图 3-2　A 中学的平面图

时也影响学校的整体环境。但一直以来没有人管，学校师生也只能勉强凑合着使用。Z 校长上任之后，提出把旧楼拆掉改建综合楼的建议，得到全体教师的赞同与支持。经过一年多的努力，一幢崭新的综合楼（见图 3-3）在校园内拔地而起，出现在师生面前，美丽的综合楼使学校的整体环境焕然一新。校领导办公室、教师办公室、教学班级以及校史馆都在综合楼内。综合楼的建立和使用为教师办公和学生学习提供了设施保障。

Z 校长说："综合楼的建设过程不仅是美化校园环境的过程，更是形成学校精神文化的重要过程，在综合楼建设的整个过程中，全体师生员工都共同克服困难，互帮互助。为了迎接市教育局 12 月份的评估，学校必须赶在 12 月份前把综合楼建好，那时校园内看不到一个闲逛的同学，办公室内没有一个休息的老师，所有的教师和学生在课后都积极参与综合楼的建设，搬砖头，清理地面，不管是雨天还是晴天，都是如此。12 月 22 日，冬至的那天，刚好下着大雨，我穿着雨衣与建筑人员一起，决定把综合楼最后一部分工作做好。这时几个

图3－3 学校综合楼

同学准备回家过冬至，他们见到我在雨中忙着，立马就停下来帮我，那一天我们忙到很晚才结束。同学们感动着我的行为，我也为他们的行为而感动。”同样的，学校综合楼的建设不仅体现出建筑本身所具有的美，还展现出A中学校园规划的艺术美（见图3－4）：新建综合楼台阶前用艺术名人的塑像进行装饰，素材选择了享誉中外的音乐名家贝多芬和冼星海、美术名家齐白石和凡·高。世界顶级的艺术家，一中一西，一音乐一美术，都是A中学艺术学子毕生的崇拜和追求。这样的建筑装饰风格，塑像立在高耸的台阶前，暗含召唤、崇拜、走近艺术和向艺术最高境界攀登的理念。

三 重新设计学校校徽，凸显学校办学特色

（一）学校校徽设计

一所学校的校徽是学校物质文化的重要组成部分，许多时候我们觉得校徽的存在似乎意义不大，但经过学校认真设计的校徽对学校师

图 3－4 A 中学综合楼台阶前

生的发展是能起到一定促进作用的，尤其是学校校徽设计的整个过程其实也是学校文化形成的过程。因此，优质的学校往往都有自己独具内涵的校徽。校徽的设计是 A 中学较为关心的问题，一方面因为校徽代表着学校的形象，能表达出学校的办学理念和价值，另一方面，个案学校处于文化变革的起步阶段，应该对文化变革的每个细节都认真对待，否则后面的文化变革更加难以开展。2012 年 6 月，A 中学得到上级领导部门的批准，成功更换了校名，成为广州市一所具有艺术特色的中学。Z 校长抓住这个契机，发动全校师生一起参与校徽的设计，尤其是那些具有音乐和美术特长的师生，她希望借此机会把学校的艺术特色以及与此相关的办学理念植根于全校师生的心中，让大家在参与校徽设计的过程中了解学校的办学特色，并为学校的特色建设贡献自己的力量。最后，经过几个月的设计和讨论，全体师生大会表决确定了学校的新校徽（如图 3－5 所示）。

图3-5　A中学的新校徽

校徽设计者及学校教师还对校徽进行了意义阐释，赋予了校徽非常丰富的文化内涵，充分凸显了学校的办学特色。

火热太阳：中心主图案轮廓像一轮火热的太阳，寓意这里是阳光学校，师生在这里铸就光辉人生；

彩云飘逸：中心主图案轮廓也像一朵飘动的云，动感造型显得朝气蓬勃，有生命的律动美，表达了美丽、自由、流畅、纯洁；

凤凰起舞：中心主图案轮廓又像一只起舞的凤凰，寓意高雅艺术、魅力无穷，暗指音乐；

调色板：中心主图案轮廓还像一块绘画调色板，寓意色彩缤纷、创意无限，暗指美术；

舒展手掌：中心主图案形象也似一只舒展的手掌，寓意师生用自己灵巧的双手创造美好未来；

大脑形象：中心主图案形象似一个变形的大脑，象征悟性、灵感、智慧；

BYYS：是A中学的简称，是白云区艺术的焦点，也表达出创造一个白云艺术流派的愿景；

中英文校名：具有国际视野和时代特征；

古文化图腾：代表学校深厚的文化积淀和艺术传承。

（二）学校徽标设计

学校徽标设计是学校管理者唤起学生成为学校主人翁的一种方式，设计学校徽标能够让更多的学生参与学校文化变革，体会到学校管理者进行文化变革的决心和努力。2015 年 12 月 15 日，为迎接学校 60 周年的校庆，学校举行了一系列庆祝活动。为了充分挖掘学生的艺术潜质，激发艺术创造力，鼓励学生和广大校友广泛参与 60 周年校庆活动，同时也为了充分展现学校的办学历程及文化底蕴，学校组织全体同学和广大校友进行了学校徽标设计大赛。该活动得到了学生的广泛参与和热情支持，大家都愿意发挥自己的想象与智慧为学校设计出有文化内涵和美感的徽标。后来经过评审，高二（2）班宋同学的作品（如图 3 -6 所示）脱颖而出，获得特等奖，高一（1）黄同学等的作品（如图 3 -7 所示）分别获得一二三等奖。这些获奖作品不仅用艺术的笔调与色彩勾画了美丽的图案，而且用文字阐述了图标所蕴含的文化意义，以及设计者的设计理念等。这是学校对美术教学资源的再开发与利用，使学生保持对美术活动的持久兴趣，获得成就感，再次彰显学校艺术特色教育的成果，也是一份送给学校 60 周年校庆的贺礼。

图 3 -6　A 中学徽标特等奖作品

图 3－7　A 中学徽标一等奖作品

四　建立各种人文景观，营造良好的学习氛围

学校的人文景观一方面能充分地展现学校的历史，另一方面能有效地表达学校的发展特色。当学校新建各种人文景观时，应将学校的办学理念与当地的历史文化、民俗风情等完美地结合起来，融入设计中，从而形成能够彰显学校特色的学校建筑文化，真正发挥学校人文景观的欣赏、教育和熏陶的作用。Z 校长非常强调学校建设对学生的影响，她希望学校人文景观既能对学生的学习起到激励和鼓舞的作用，也能让学生在学校内更舒适地生活。Z 校长把自己的想法在教师大会上和所有的校领导以及老师进行讨论，同时也让班主任发动学生一起参与学校人文景观建设的设计。学校内的很多塑像和标志性建筑（如图 3－4 所示）都是在全校师生的共同参与下完成的，学生们也都非常喜欢学校的人文景观。可以说，A 中学的这种做法把学校校园建设与学校文化形成过程很好地结合起来了，两者构成了相互促进，共同发展的良性循环。通过观察和访谈，笔者了解到有如下人文景观，为学校的发展和学生的学习增添了色彩。

（一）畅想楼的建立

畅想楼是A中学艺术特色的核心部分，也是学校办学特色的焦点。畅想楼梦幻主题浮雕，是一幅有着深远意义的大型主题浮雕，与大部分学校使用一些通用的、没有个性特色的浮雕不同，它是为A中学量身定做的原创艺术作品。铁艺仿古门框装饰与6副中国红窗格装饰以及岭南特色艺术围墙装饰形成呼应，营造出一个浓郁的传统民族文化氛围。艺术墙是以一棵大型的幸福树为主要框架，寓意学校的教育是幸福、愉悦和宽松的。树的主干舒展为流畅的曲线，像蜗牛和蝴蝶的触角，寓意思维的触角，也代表音乐的韵律美。幸福树的部分枝干变幻为一个大大的问号，代表着求知。问号环抱着地球，代表宽阔的视野和博大的胸怀以及远大的抱负。树下是一只幻想的小猫，与学校的艺术教育需要创造性一脉相承。树枝生长出几片树叶，代表人生的希望。极度变形的古琴和钢琴键盘组合成树冠，既点明学校的专业特色，也暗含了中西文化、古今文化的融合。画板上枯燥的几何图形，演变成希望和理想飞向光芒。蓝色的星星是我们蓝色的梦，也是智慧在闪光。三只和平鸽代表三个年级协调一致飞向光明，幸福的英文单词与幸福树形成呼应，是学校第二层面的办学思路，也与学校的国际化目标形成呼应。浮雕下方的钛金球表现的幸福笑脸与上面的飞鸟形成呼应，树木的柔性质性与仿金属材质形成对比。太阳的中心是校徽的主题形象。

主题“厚德博艺、真诚求知”是学校办学追求的最高境界，它点明了这幅浮雕的主题。释义如下：

厚德：出自《周易》，“天行健，君子以自强不息；地势坤，君子以厚德载物”，意思是道德高尚者承担重大任务。具体要求“文明修身、品德高尚”。

博艺：出自《孔子家语·弟子行》，“好学博艺，省物而勤也，是冉求之行也”。《后汉书·张衡传》说，“吾子性德体道，笃信安仁，约已博艺，无坚不钻”。意思是学识学问广博，技能

图 3－8　A 中学畅想楼

技术精深。具体要求“博学多才、技艺精湛”。

真诚：出自《汉武帝内传》，“至念道臻，寂感真诚”。“真”指与事实相符合，真实。“诚”指诚恳、诚实，没有半点虚假。具体要求“求真务实、诚信团结”。

求知：出自《楚辞·离骚》，“路漫漫其修远兮，吾将上下而求索”。“求”指请教寻找，想办法得到知识。具体要求“勤奋上进、不惧困难”。

（二）《风中琴》水池的建立

《风中琴》水池是一处高格调的艺术景点，是一件动静相结合、现实与想象相结合的完美艺术作品。它由水池、假山、文化墙、弹拨乐阮、诗歌、水生植物以及水循环系统组合而成。它与一般的水池不同之处在于它独特的文化品位和艺术感染力。站在池边，睡莲清香、鱼翔浅底、飞流瀑布，仿佛能感受到卢仝在吟诵诗歌，美女的玉指在拨动琴弦，创意设计和施工达到了艺术家追求的高山觅流水、琴台遇知音的艺术效果。笔者第一次进入学校进行调研时，就深深地被这个充满艺术气息的水池所吸引。经常有学生站在水池旁边观看流水，也有学生会在水池旁边看书和朗读。

图 3－9 《风中琴》水池文化装饰

（三）岭南特色围墙的修建

即使是学校的围墙，A 中学都进行了有韵味的文化设计。国外有关专家认为："学校是一个开放系统，是与它的外部环境相互作用的。虽然组织文化的重点是放在学校内部的布局上，但是在某种程度上，这些内部布局反映了学校周围情况的更大环境。"① 这说明，学校文化的建设与布局与学校外部的环境，尤其是当地的文化环境密切相关，外部的环境会影响，甚至构成学校文化生态的一部分，学校的文化建设也应该注重不断从更大范围的外部环境中汲取"养分"。我国学者也认为："学校文化建设中的许多问题，不只是学校文化自身的问题，而是与学校文化所处的大的文化生态有关的问题，不与更大范围的文化生态建立起内在的关联，学校文化不仅变成井底之蛙，而且

① ［美］罗伯特·G. 欧文斯：《教育组织行为学：适应型领导与学校变革》，窦卫霖、温建平译，中国人民大学出版社 2007 年版，第 165 页。

也会自缚手脚，丧失发展的潜力和空间。”① 正是基于这种思考与联系，A 中学进行文化建设时也特别注重与当地文化相结合，从中吸取优秀的文化。例如，学校围墙的建筑造型显现出典型的岭南传统文化特色。青灰瓷砖、白色砖线格、古朴的土红装饰点缀都是岭南围墙建筑的典型元素。围墙的艺术装饰从艺术广场向运动场方向延伸，内容安排顺序为：岭南四大名园、岭南民间艺术、岭南著明音乐和美术艺术家、西方艺术流派和艺术家以及艺术成就。内容安排的思路是从岭南特色的艺术学校走向世界。装饰画框的色彩为饱含中国传统文化的中国红，形式为岭南特色的雕刻窗格。A 中学在学校文化的建设过程中，充分利用岭南文化的特色为学校文化变革增添色彩，这种文化变革的方式与内容也更容易得到师生的集体认同。

图 3－10　岭南特色围墙装饰

① 李政涛：《基础教育改革的关键词应该是“文化变革”》，《人民教育》2008 年第 1 期。

五　新建学校校史馆，继承学校历史和传统

建立自己的校史馆，这在一般学校中是不常见的。而对于 A 中学而言，校史馆的建设却得到校领导的高度重视。在对学校文化进行变革的过程中，为了继承学校文化中的优秀成分，也为了减少变革所带来的阻力，学校花大力气新建了校史馆。在第三次访谈中，Z 校长带笔者参观了 A 中学的校史馆（如图 3－11）。Z 校长说，虽然学校占地面积有限，但是修建学校校史馆是很有必要的，校史馆是一个物质建筑，里面储藏的都是学校的历史与传统、精神和理念。在参观的过程中，笔者发现 A 中学的校史馆建得很漂亮、很精致。校史馆的墙上挂满了各种照片和图画，有建校与学校发展历史的照片和简介，有一些优秀校友的照片及简介，等等，很好地记录了学校的发展历程，传承了学校的优秀文化，凝聚了师生的心。为更好地搜集各种校史文件和资料，A 中学还专门成立了校史馆工作领导小组，以学校的名义发布通知，广泛征收各种相关资料。

图 3－11a　A 中学校史馆（1）

图 3-11b　A 中学校史馆（2）

校史馆资料征集方案

一、指导思想：为全面、真实记录我校建校以来的发展历程，生动展示我校建设和发展的精神风貌，为全校师生员工提供了解校史和爱校教育的基地和窗口，我校决定筹建 A 中学校史馆。以回顾学校的光辉历程，继承优良传统，营造奋发向上的育人环境，构建文明校园、绿色校园、和谐校园。拟向全体师生员工、校友、离退休老同志和社会各界人士广泛征集有关资料和实物，现制定如下方案。

二、资料征集阶段

（一）征集的时间范围：1956 年建校始至今。

（二）征集的种类

1. 照片类

（1）建校后各个时期学校党政主要负责同志及 56 年间可查询的集体合影。

（2）在学校工作或学习过的全国、省级劳动模范，县团级以上领导，专家学者，做出突出贡献的个人（包括校友），获得过区级以上表彰的个人照片（工作照、生活照均可）或集体合影。

（3）反映学校历史沿革、变迁、建设成就、重要会议、重大活动、师生员工工作学习的照片。

（4）上级领导、专家学者来校参观、视察、访问或讲演时的照片。

（5）教职员工和校友参加国内外重大活动（包括社会活动、学术会议、重要比赛等）的文稿、证书、纪念品和照片，出席国际、国内或在我校召开的各种重要会议的照片等。

（6）学校历届毕业生合影。

（7）一切涉及学校历史变迁及昔日风貌的老照片。

（8）其他一切与学校教学、科研、管理、党建、思政、社会服务、教职工生活等相关的有价值的照片。

2. 实物类

（1）与学校发展有关的重要图书、资料、杂志、刊物、文集、文章、音像材料等。

（2）有关学校发展的重要文书、档案、年鉴、契约、规章、图纸、图表、地图、抄件、总结、布告、通告等。

（3）重要的学术论文、大事记、访问记、考察记，回忆录、调查报告、原始记录、手稿、各级奖励证书等。

（4）我校集体和师生员工个人获得区级以上的各级各类奖杯、奖状、奖章、荣誉证书和科研成果奖励证书等。

（5）友好单位或个人赠送我校的纪念品，学校组织大型活动收到的祝贺函电、礼品及照片，校友赠送给学校具有保存、展出价值的实物等。有关领导及国内外友人的题词、赠言手迹和相关报刊等。

（6）学校各个时期出版的各类刊物、印刷品，我校教职工主编的教材、专著、译著及学校早期形成和使用过的有史料价值的教案、教材、试卷、教具模型、学生证、借书证、记分册、录取通知书、毕业派遣证，校内使用的票证等。学校各个时期的印章、校标、校旗、校徽、证章等。

（7）反映或记载校友各个时期的重要成就或对当时社会产生过重要影响的事迹材料（包括照片、实物、书籍、报刊、录音、录像等）。其他有校史史料价值的资料和实物等。

（8）反映学校建设各方面发展变迁的实物和资料等。

（9）一切与学校教学、科研、管理、党建、思政、职工生活等相关的有价值的史料、实物等。

在校史馆的橱窗内，我们可以看到许多奖杯与荣誉牌，都是学校在发展过程中取得的成就。Z 校长说，建立学校校史馆，是继承学校历史与传统的重要方式，对学校进行系统全面的改革，并不是要否定学校的历史及之前的一些成就，相反应该要让全校师生都学习和了解学校的历史，这样学校才能更好地发展。每年，A 中学都会安排刚进校园的学生参观学校的校史馆，了解学校的历史，增强他们对学校的认同感。当有上级领导或兄弟学校来参观和学习时，学校也会组织和安排他们进入校史馆进行参观，让参观者以更直观的方式了解学校。校史馆也成为 A 中学对外展示的一个重要窗口。

第二节　学校制度文化变革的过程

学校制度文化是学校文化系统中最具权威性的因素，它规定着学校文化整体的性质，是学校教育教学得以有效进行的重要保证，发挥着管理育人的作用。① 学校建设与发展，离不开各种制度的制定与落实，例如教学制度、教师评价制度、后勤保障制度等，只有具备相应的制度安排，学校才能正常运转，发挥教书育人的功能。当学校制度

① 官根苗、王红梅、王琪：《论学校制度文化的涵义、结构与功能》，《现代中小学教育》2006 年第 2 期。

经过长期的落实，得到学校师生的内在认同与外在遵守时，就成了一种制度文化，对师生的行为起到导向、约束与激励等作用。薄弱学校，往往缺乏健全的制度体系，师生的行为得不到制度的有效规范与引导，学校的制度文化更是无从谈起。因此，积极构建学校制度，并营造和谐的制度文化，对于薄弱学校的发展具有十分重要的价值与意义。有学者①指出，学校制度文化的形成一般要经过4个时期：第一个时期是萌发期，始于学校成立之初，在这一时期，学校领导的主观意志起决定性的作用，大多效仿和参考他校的制度和经验；第二个时期是成长期，在学校现有规章制度下，逐步吸收师生员工意见改善现有制度，试图形成适应自身发展的模式；第三个时期是成熟期，学校在建立了基本的制度保障机制的基础上，将学校特有的习惯风俗、学校价值观融于其中，最终形成富有特色的学校制度文化，此时，校领导的主观影响退居次席；第四个时期是发扬期，是学校制度文化形成后，根据实际变化和需求不断完善和创新的时期。笔者通过对个案学校制度文化变革的深入调研，展示学校制度文化变革的过程与实践路径。

访谈资料二

学校制度的建设是一项艰难的工作，远没有校园建设那么简单。我新来担任校长，以前的校长担任校党委书记。我觉得这是市教育局领导对我的一个重大考验。我想对学校进行变革，但我最重要的合作伙伴却是一个因循守旧、拒绝改变的人，这让我十分苦恼。既然不能立马进行大刀阔斧的改革，我只有选择渐进式的变革方法，一方面积极坚持自己的主见，另一方面也尽力取得重要领导的支持。所以，我没有对学校领导人员的职位进行调整，只是对他们的权利与责任进行了更明确的规定。同时，我发动全校老师把学校的口头指示全部变成文字，制定了学校的制度

---

① 范国睿：《多元与融合：多维视野中的学校发展》，教育科学出版社2002年版。

规章，让每个班主任加强对班级的管理，探讨制定班级管理制度。

可以说，对学校制度文化的建设，我是非常谨慎的，能不动的尽量不动，团结一切能团结的力量，积极听取其他人的意见；同时我也是非常有主见的，我认为要改变的、要推行的我会尽最大努力去实行，充分运用校长的权力。我觉得只有这种温柔与强硬相结合的方式才能逐步开展学校制度文化建设。当然，这个过程是很辛苦的，我不断地要求自己宽宏大量、不计较自己的得失、尊重别人的意见。我相信自己不断地付出与努力，大家都是能看到的；我只有用一颗最真的心，踏实地做事，为教师的发展、为学生的学习着想，才能得到他们的支持。

我吸取该校以前没有规章制度的教训，在每一次教师讨论大会上，都安排人员进行会议记录，对每次参会人的发言及会上形成的建议都做好详细记录并存档。我也把市教育局发的文件在教师会议上宣读并传阅，自己做好会议记录。在制度建设过程中，很多事情我都亲力亲为，强迫自己一定做好，这样我才能在教师中树立威信，才能更好地让教师服从命令与安排，更好地推行自己的计划。由于各种历史及现实的原因，学校的制度建设整体还是比较粗糙的，以后还需更进一步细化，设置更合理的学校组织结构及人员安排。

学校制度文化是指学校的组织形式（结构）和学校中的现实的正式、非正式的制度和规范的总和，它反映了学校中人与人之间的关系，如教学制度、教师评价制度、后勤保障制度等，实施上述制度的各种具有物质载体属性的机构设施以及学校成员对学校事务的参与形式、反映在各种制度中的人的主观心态。简单地说，学校制度文化就是学校的组织架构及学校的各项规章制度，它是学校正常运转的制度保障。

学校的校园环境基本得到改善之后，Z 校长认为接下来应该加强学校制度文化的建设，并从以下 4 个方面来加强学校制度文化的建设。

一　建章立制，用制度管理学校

在 Z 担任校长之前，A 中学几乎没有任何制度，整个学校范围内找不到对管理者、教师、学生的任何相关书面规定，所有的制度、规则和命令都是口头上的。可想而知 A 中学的管理是多么随意，学校管理者和教师每天都是按部就班、墨守成规地做着重复性的工作，甚至大家都习惯了这种没有规章制度的环境，都凭着自己的经验和习惯来完成每天的工作。Z 校长抓完校园基础设施建设之后，立马就开始抓学校制度建设。因为刚上任，对学校之前的许多口头规定不太了解，同时由于市重点学校评估时间紧迫，Z 校长采取了最直接最有效的方式来建立学校制度——把所有学校的口头规定都写成文字。学校领导者发动全校教师去收集学校存在的所有文字性规定，同时让几位教师负责把那些经常挂在嘴边的口头性规定用文字写出来。就这样经过一段时间的努力，Z 校长带头为学校制定了《A 中学制度汇编》，这成为学校的第一份成文的制度材料。笔者为了研究的需要，也向 Z 校长借阅了《A 中学制度汇编》，笔者发现该汇编虽然较为粗糙，但内容十分丰富：包括党支部工作制度、安全应急管理规章制度、德育管理规章制度、教学教研工作规章制度、校务公开工作管理制度、工会工作管理制度以及奖励评价、考核考勤规章制度，等等，从校长、中层干部、年级组长，到班主任、科任教师、在校学生，都有制度规范，以制度管人，层层落实，责任到人到位。其中，A 中学为有效加强学校德育工作，对学校党支部、校长室、政教处、总教处、年级组等部门进行了明确的职责规定。就是这样一份简单的制度汇编，却为学校的教学、管理和学生工作节省了很多时间、精力和成本，也成为学校后续制度建设和制度文化形成的基础。

学校周边环境安全治理制度

1. 学校周边环境治理涵盖师生人身、食品卫生、文化活动安全等方面，系综合性治理，应取得社会各界的广泛支持与通力配合。学校对周边环境应密切关注与监控。

2. 我校在做好内保工作的同时，应重视学校周边环境的安全治理工作，应主动联系辖区的派出所、街道、工商管理、文化监管等部门共同抓好治理工作。

3. 值日人员除做好校内的巡视工作，还应注意对校园周边的巡查，发现社会盲流、恶少对学生骚扰及各种事故，要针对不同情况及时报告“110”“120”“122”或附近派出所，保护学生的安全。

4. 每天放学前，教师要提醒学生注意交通等各项安全。

5. 要教育学生自觉遵守社会公德以及各类法规，维护社会公共秩序，敢于与坏人作斗争，并掌握正确的维护方式和方法，提高学生的自护能力。

6. 建立学校突发事件教师救护队，高度警觉，随时出动。

二　合理设置学校组织结构，明文规定管理职责

学校组织结构是学校为了实现学校目标而设立的各种教学与管理部门及其所形成的一种关系形式。管理学家孔茨认为：“组织机构的设计应当职责分明，使每人都知道应该做些什么，谁对什么成果负责；应能够排除由于工作分配的混乱和多变所造成的故障，并能提供反映和支持组织目标的决策沟通网络。”① 为了让学校组织结构运转良好，还需要确立学校各成员之间的沟通方式、工作规范以及学校管理者的权力责任范畴，也就是制定相应的规章制度。科学、合理地设置组织机构，是构建优质的学校组织文化的基础，也是形成学校价值认同的前提。走进 Z 校长的办公室，笔者发现里面的装修和布置非常

① ［美］哈罗德·孔茨等：《管理学》，贵州人民出版社 1982 年版，第 316—317 页。

简单，一张办公桌，一个书柜和一套沙发就是校长办公场所的配置。Z校长说，由于工程完成时间短，学校经费少，一切装修和布置都遵循简单、节约的原则。但就是在这样一个布置简单的办公室里面，Z校长也不忘在墙上挂上A中学的组织管理架构图和校长的职责表。Z校长说，在学校改革时期，更不能忘记设置合理的组织结构，要善于、敢于打破学校旧有的封闭状态，促使学校结构由宝塔形向扁平化转变，唤起学校中层和基层组织的活力，为学校的变革发展提供动力。目前A中学的组织结构有利于学校进行改造，能充分发挥全体教师职工的积极性和主动性，校长又能够对所有意见与分歧进行最后决断，让学校的发展呈现一种良性循环的局面。学校要通过组织结构变革，将组织和个人发展的愿景有机融合，把权力下放到各个部门，积极调动教师的积极性，让他们成为学校变革的参与者和贡献者，而不仅仅是等待上级的命令和指示。

管理者制度文化建设的目的是规范学校管理者的行为，以促进学校的科学决策和依法管理。管理者制度文化的建设，是管理者的管理理念和办学理念的具体体现和集中反映，同时也对管理者自身具有规范和约束作用。作为一名校长更应该注重以身作则，率先垂范，带头做好自己的本职工作，为全校师生塑造一个好的榜样。在思想上，作为学校转型的领导者，要能够对全体师生进行有效引领，帮助他们树立正确的世界观；在行动上，能够带领师生积极投入到学校的变革行动中；同时，在情感上，要能够创造一种团结合作、齐心协力的学校氛围，让全校上下充满凝聚力。

Z校长认为，学校在抓好教学质量前，必须先做好学校安全工作，把学生的安全放在突出的位置。针对学校安全工作，学校成立了以校长为组长，副校长为副组长，包括政教处、总务处、教导处、学校办公室、工会等部门的负责人、保卫干事等成员组成的安全工作领导小组，并明文规定了每个成员的职责范围。这种合理的组织结构以及明确的职责范围能够使责任落实到具体的人，让学校管理工作更有效率。例如，学生德育工作是学校工作的重点，为有序开展学校德育工作，学校明文规定了不同部门的德育工作职责。

党支部

1. 党组织切实在德育工作中发挥政治核心、监督保证作用；党支部把学校德育列入工作计划进行指导和总结。

2. 加强以树立社会主义荣辱观为核心内容的教师职业道德建设和师德大讨论，做到有规划、有计划、有总结；能根据实际需要每学期不少于两次有计划地对全体教职工进行德育工作的培训。

3. 健全学校共青团、少先队、学生会等组织，指导其有效开展工作。

校长室

1. 成立德育工作领导小组，实行校长负责的德育工作领导管理体制，学校教育教学工作以落实德育为首要原则；学校学年（期）工作德育部分应具体翔实地计划、总结（德育工作计划切合学校实际，操作性强；德育工作总结质量高，体现学校德育工作成效）。

2. 学校制定德育工作中远期规划。每学期至少召开两次德育工作领导小组会议；每月行政会议有研究德育工作的内容。

3. 设立德育处（室）或政教处，办公场所、人员配置，分工科学，职责明确，工作落实。

4. 把德育成效作为对教职工实施考核和奖惩的重要指标，做到奖优罚劣；建立德育工作的表彰奖励制度，进行德育优秀评选。在校园中营造教师爱岗敬业，教书育人，为人师表，师生关系融洽的氛围；及时表彰良好师德典型。

6. 成立德育教科研机构，建立一支德育研究队伍，承担上级的德育研究课题，工作制度完善，工作开展正常、规范；鼓励教师在省级以上刊物发表德育论文并进行奖励。

7. 进行争优创先活动，创造条件评选市级文明学校、德育工作先进集体、绿色学校、心理健康教育实验学校等。及时总结学校的德育特色活动，参加上级的交流宣传活动。

8. 结合学校实际落实德育工作法规的细则和落实上级有关部门布置的德育工作的措施，制定《加强和改进未成年人思想道德建设实施方案》《开展社会主义荣辱观教育实施方案》及其他德育工作方案。

团委会、少先队

1. 每学期开展一定数量的主题团、队会（规范开展，有计划，有教案或活动方案）。

2. 每年结合重要纪念日或重大事件开展形式多样、富有实效的主题教育活动；节假日，特别是寒暑假，因地制宜开展社区志愿者服务活动等。

3. 有计划地开展团、队、学生会、学生社团活动。

4. 成立各种环保活动小组并配备辅导教师。结合世界环境日、世界地球日、世界水日、植树节、国际爱鸟日等环保日开展全校性主题宣传活动，并对活动进行总结。开展环保教育主题教育活动，广播站、板报、阅报栏等常规教育阵地齐全。

5. 利用团校对学生进行爱国主义、社会主义、集体主义、公民道德、理想纪律教育。

教务处

1. 制定规定或措施对学科渗透德育提出要求并检查落实；学科渗透德育的成果、论文或教案纳入学期（年）必交材料。每个教研组每学期举行 1 次关于学科渗透德育的研讨活动。

2. 能够结合本校实际开发校本德育课程，实际开展校本德育课程教学活动；把校本德育课程纳入学校课程计划。

3. 中学地理、生物、化学、物理等课程进行环境教育渗透教学，每学期有 1—2 次环境教育教研活动，并落实在课堂、教案中。结合世界环境日、世界地球日、世界水日、植树节、国际爱鸟日等环保日开展学科教育活动。

4. 鼓励教师用环境教育的论文、总结、经验、教案参加区级以上比赛。

5. 组织教师学生参加环境教育的征文、科技制作比赛等活动。

6. 开展环保教育研究性学习活动，图书阅览室教育阵地有德育书籍供学生借阅；在教育教学过程中有机渗透心理健康教育。

7. 利用思想品德课对学生进行爱国主义、社会主义、集体主义、公民道德、理想纪律、法制教育。

办公室

1. 做好师德建设有关过程材料的整理、建档、宣传、报送。

2. 对学校、教师参加区级以上环保、绿化、卫生的先进集体或个人的评选协助进行材料的整理和报送。

3. 完成校长室布置的工作任务和德育工作的文字材料打印、整理、汇编。

总务处

1. 每学年德育活动、德育建设经费有预算，有划拨；保障德育队伍的岗位补贴；配套齐全德育活动的场地和设施。

2. 卫生制度完善，设施齐全，经常性开展健康教育活动；因地制宜对校园进行美化；与校园净化、美化、绿化相应的教育内容按规定实现上墙，育人氛围浓厚。

年级组

1. 落实学校布置的德育常规工作，对年级学生进行日常规范管理。

2. 针对年级特点，开展年级德育活动；组织学生参加学校的德育活动。

通过以上规章制度我们可以发现，学校管理者十分重视学校制度文化的建设，制定了一系列的规章制度来加强对学校及师生的管理，促进学校的发展。在学校制度文化的制定与变革中，需要赋予制度文化以精神和伦理的意蕴，特别是在具体的规定中，应突出展现学校的发展目标、价值理念与办学愿景等，这种精神文化将通过制度的形式深入到师生群体之中，规范和引导师生的在校行为。如此，重构组织、建章立制才能够帮助师生统一思想和行动，有利于学校制度文化的建设，同时为学校精神文化的形成提供重要的制度保障。

三　完善学生管理制度，加强学生管理

如果说教师是学校发展的重要保障，那么学生就是学校发展成果的展示。学生管理工作涵盖了所有对学生进行课堂内外的教育和综合素质培养的活动。学校的任务就是通过教学、管理和服务，把招收进来的学生进行教育和培养，然后再将他们送往社会或更高层次的教育阶段。A 中学生源质量不好，由于该校生源处于广州市高中招生层面的最后一组，学生普遍以 300—400 分的成绩入校，不仅知识基础薄弱而且学习能力偏低，因此很多学生对考上大学缺乏自信。这种生源质量对于学校的办学以及教师的工作状态都会有极为消极的影响，甚至许多学生早就习惯了在校园里无拘无束生活的状态，经常去学校外面的网吧玩游戏，然后就在网吧通宵或者在外面住宿。所以，面对这样一种状况，要让学校发展起来，首先需要不断完善对学生的管理制度。对学生的管理制度包括一切与学生有关的组织的制度，例如学生会、班集体、宿舍、学校周边的相关组织等的制度。学校制定的对学生的管理制度明确规定了学生应该做什么，不应该做什么，哪些行为会受到表扬，哪些行为会受到惩罚，从而能够有效地约束和规范学生的行为。例如学校住宿生管理制度等，就对学校的住宿生进行了严格管理。除了管理制度的制定，更为重要的是需要严格执行学校的规章制度，要对学生进行一种警诫教育，让他们在内心深处明白学校的管理制度并不是形同虚设的，而是会真切地落实，违反学校规定的行为将会受到严厉的惩罚。

学校住宿生管理制度

为了培养住宿生自强自律的精神、良好的生活习惯和加强组织纪律性，搞好学习，使住宿生素质不断提高，特制定如下规定，凡住宿生必须自觉遵守、严格执行。

1. 宿舍建立门禁制度，住宿生要严格遵守作息制度，不能私自离校外宿，有事要外出者（包括回家）必须经班主任批准，并报宿管员。

作息时间：6∶20 起床，13∶00—14∶00 午休，19∶00—21∶30 晚自修，22∶30 熄灯并关宿舍大门。若过了 22∶30 仍不熄灯，按违纪处理。

2. 非住宿生不准进入宿舍，更不准住宿生擅自留外人住宿。上课期间所有住宿生（除特殊情况被批准外）不得留在宿舍或返回宿舍。

3. 严禁在宿舍内私安电源、使用各种电器，严禁在宿舍内煲煮东西。

4. 宿舍内一切财产、设备由住宿生负责保管，损坏要赔偿，有意破坏的视其情节轻重，给予加倍赔偿、教育以至纪律处分的惩罚。个人财物要妥善保管，严禁盗窃他人财物。

5. 要提高警惕，做好安全保卫工作，做到人离宿舍要关灯、关窗、锁门。

6. 严禁赌博，吸烟和燃放爆竹、烟花，点燃蚊香、蜡烛等物品，严禁在宿舍区打扑克、溜旱冰、打球。

7. 宿舍内要保持整洁，严禁乱丢、乱吐、乱倒、乱写、乱画、乱贴，宿舍行李、铺具等各种用品，按要求统一摆放整齐。

8. 建立轮值制度，每天打扫卫生一次，每周进行一次大清洁。每周五中午学校统一检查卫生。每天由舍长轮值检查卫生、内务、纪律，每月小结评比文明宿舍“流动红旗”一次，每学期进行一次文明宿舍标兵评比。

9. 每天晚自修时关宿舍大门，住宿生按编排的课室统一晚自修，不准私自出课室和校园。周末留校住宿生进行登记，晚上不准外出。严禁攀爬宿舍围墙。

10. 住宿生每周日晚19：00前一定回宿舍。为了防盗，住宿生的单车停放处每周日统一上锁，周五下午统一开锁，如有特殊情况要取车的，须有班主任的批准。

11. 晚、午睡要保持安静，不得大声谈笑、喧哗、开收音机。

12. 发现宿舍设施存在安全隐患应及时上报宿管员或生活指导老师。

上述各条，如有违反，视其情节轻重，第一次进行批评教育；第二次警告，要求整改并通知家长；第三次取消寄宿资格，进行纪律处分。住宿生的表现纳入品德评定，每学期对住宿生进行一次操行评定。

与此同时，学校还制定了学生申请退宿制度，如果学生不在学校住宿需要家长签字同意，通过家校合作的方式来保障学生的人身安全，进而促进学生的健康成长。为了有效规范和加强对学生的管理，在制定各种规范和约束制度的基础上，学校也不断制定各种奖励性质的制度，如文明宿舍评比奖励条例等。这种制度能够更好地通过发挥学生的自我管理能力来优化宿舍环境，以互助合作的方式来监督和促进学生的成长。这种制度的执行，还能够让学生彼此带动，形成一种优秀的宿舍文化。

学生申请退宿制度

一、申请退宿时间规定：

1. 申请退宿定在每学期结束前两周办理，以便学校在下学期根据具体人数安排宿位。该学期已住宿的同学在此期间如未提出退宿申请的，视为下学期继续住宿。

2. 每学期入宿后一般情况下不再办理退宿手续，如有特殊原因要求退宿的，要在该学期的第一周提出申请，过期不再办理

（中途退学、休学者除外）。

二、申请退宿程序规定：

1. 申请者本人提出退宿书面申请。

2. 申请者的家长在书面申请书上写是否同意子女退宿的意见，并签名。

3. 申请者所在班班主任在书面申请书上写证明意见，并签名。

4. 申请者本人持申请书到学校教导处学生宿舍负责老师处办理退宿手续。

三、申请退宿缴费、退费规定：

1. 在每学期结束前两周办理下学期退宿手续的，不用缴费或退费。

2. 在每学期入宿后第一周内提出退宿的，按文件规定要先缴纳半个月的住宿费后才能办理退宿手续。

3. 在每学期第一周缴纳一学期住宿费后退宿的，按以下标准退费。（自行退宿不退费）

（1）开课后一个月内（含一个月）提出退宿的，退回所收65%的住宿费。

（2）开课后二个月内（含二个月）提出退宿的，退回所收45%的退宿费。

（3）开课后三个月内（含三个月）提出退宿的，退回所收25%的住宿费。

（4）开课三个月以后提出退宿的，不再退回所收住宿费。

四、申请退宿注意事项：

1. 申请退宿时需要办理退费手续的，要到教导处学生宿舍负责老师处办理退宿手续，并由校长签字后才能到学校总务处退费。

2. 申请退宿者办理退宿手续时要交回所住宿舍的门钥匙。

3. 申请退宿者办理退宿手续时要交回住宿证。

四 合理用人，完善教师人事制度

学校的发展与运行离不开有效的人员调配，科学合理的人事制度是学校有效运转的基础与保障。合理用人，发挥人才的有效作用，做到因事设岗、因才设岗是学校人事制度应当遵循的重要准则。尤其是薄弱学校，必须高度重视学校人员管理。许多时候学校的薄弱并不是因为学校缺乏有才能的老师，而是因为管理的混乱导致教师的才能得不到有效发挥。Z 校长凭借多年的管理与用人经验，在学校大胆革新人事制度，通过考核考评以及竞聘上岗等多种方式，对学校人员进行积极调配，把合适的人员调到合适的工作岗位，对不能胜任工作的教师进行岗位培训，力求做到每一位教职员工都能胜任自己岗位的工作。为了完善学校的用人机制，营造你追我赶、认真履职的竞争氛围，学校对教师队伍进行各种形式的考核，督促学校管理层以及教师履行好自己的岗位职责，为学校的发展贡献力量。刚开始的时候，这种制度会招致部分教师的不满，因为有些老师习惯了在学校“混日子”，但为了学校的转型与发展，学校领导排除各种阻力，顶住各种压力，在全校范围内推行教师人事制度，对不能胜任工作的教师进行惩罚。在严格执行制度的同时，Z 校长也充分展现了学校的人文关怀，充分关心每一位教师，教师只要有不理解或存疑的问题，都可以去找校长倾诉。因此，随着制度的严格执行以及在执行过程中充分体现出人文关怀，尤其是校长以“学校共同体”“学校共同愿景”等激励与鼓舞教师，教师越来越赞同校长的做法，并积极配合学校的各项改革措施，使得学校的人事制度发挥了应有的作用，对学校的发展提供了有效的保障。

更为重要的是，Z 校长充分利用自己管理的经验与用人技巧，根据教师的不同性格特点进行岗位调整，尽可能把合适的人放在合适的位置上，做到人尽其才，充分发挥每一位教师的能力，让每一位教师都能在自己的工作岗位上找到归属感和成就感。有一次笔者在办公室与校长访谈时，突然进来一位老师，找 Z 校长处理一点事情。这位男性老师中等身材，戴着一副眼镜。在与 Z 交流中，笔者发现这位老师并不是特别有礼貌，说话挺随意。后来，Z 说，那位老师在 A 中学待了较长时间，以前是学校的语文老师，但对语文教学很没有兴趣，每次上语文课都没有一点精神，只让同学们自习，所带班级的语文成绩很差，但是这位老师还不服管，以前的校领导拿他也没有办法，只能睁一只眼闭一只眼。后来 Z 校长上任，干脆就不让他教语文了，因为他实践能力很强，所以让他负责全校学生的实践性学习课程，同时他思维活跃、富有创新精神，Z 校长还让他负责学校的黑板报、宣传栏以及学校网站的更新工作。这样一来，这位老师的精神面貌好了很多，把自己的事情做得很好，还得到了学校领导的表扬，也赢得了学生的认可。Z 校长正是如此，能够保持自己的领导风范，又能很友好地与老师们交往，发挥他们的特长，为学校的发展贡献力量。此后一些岗位与人员调整的工作也证明，Z 校长这种用人策略对学校的发展起到了十分重要的作用。

第三节　学校行为文化变革的过程

访谈资料三

学校的校园环境改变了，接下来我觉得很有必要改变学生的风貌，简单地说就是规范学生的穿戴及行为举止，让他们“站有站相，坐有坐样”。我的理念是外塑形象，内强素质。每个学校都有中学生日常行为规范，但并不是都能很好地规范学生的行为。我常常到教室和校园去观察学生上课及休息时的行为，同时也让教师根据我校学生的具体情况来探讨如何更好更快地规范学生行为。先是外表的穿戴，以前学生穿了校服就可以，但我们现在要求学生必须注意是否穿戴整齐，校服是否干净。在课堂上我们用“抬头率和低头率”来保证课堂行为，在饭堂我们用“浪费率与节约率”来培养学生的餐桌礼仪。一开始学生很不习惯并有较大的排斥感，但是我们一方面抓典型，另一方面，在每个班级用多媒体播放一些励志及搞笑的视频给学生看，让他们了解一名学生如果有好的礼仪修养，可以让人觉得很自然、很舒服，而那些不得体的行为却会带来搞笑与不好的后果。改变外在行为的同时，我们也积极提高学生的内涵。我们鼓励学生组建各类社团、开展各种社团活动，并派学生参加各种比赛，让学生们展现自己的特长。

学生在校园喊我校长时，我都会微笑地和他们打招呼；我时常带领学生在校园操场上跑步，锻炼身体；有空了，我会和学生一起做广播体操，和学生一起下棋、画画；我时常出席学生的颁奖活动，鼓励他们。可以说，正是这样融入学生的学习生活，才让我清楚学生的行为，哪些是值得肯定的，哪些是需要改进的。我以身作则，给他们树立榜样，他们才更能接受我的安排，更注意自己的一言一行。在这个过程中，我和学生们互相监督、共同进步。学生们不明白或者拒绝某种行为时，我会在每周一升旗后，在操场上给全体师生讲解，并接受学生的提问。

在建设校园行为文化的过程中，我始终相信“其身正，不令而行；其身不正，虽令不从”。每当我要求教师和学生如何做时，我都会想自己是否能做到。比如我要求学生经常参加体育锻炼，增强身体素质时，我也会让自己经常锻炼，并希望通过带领学生一起锻炼，使他们能更快地规范行为、养成好的习惯。

一　外塑形象，内强素质，合理规范学生行为

学生行为文化是学生的行为本身和通过行为所表现出来的思想观念和习惯等文化形态，它是学校行为文化的重要组成部分，对外影响着学校的整体风貌。因此，加强学生行为规范，重构学生行为文化，对一所薄弱学校来说，尤为重要。Z 校长说，以前 A 中学主要的关注点是在高考，把高考作为学校一切行为的中心。但就基础薄弱的 A 中学学生而言，他们最不擅长的就是考试，许多学生甚至对学习没有兴趣，对考试也没有信心，教师却总是想方设法把学生的注意力和精力

放在提高学习成绩和考试成绩之上，这无形中不仅加大了学生的思想压力，而且让教师与学生难以建立良好的师生关系。有学者指出，“无论是怎样的课程教材教法，不同的学生在同样的教学中必然会有所差异，水平的高低上下，结果是学优生和学困生的形成。……这样造成的学困生，其人格尊严受到伤害似乎也就成了无可避免的事”①。其实，对于考试成绩不行的学生，我们更应该从其他方面来挖掘他们的潜力，并对其进行鼓励。

Z校长任职后，在一次教师大会上提出，把学校关注点由高考转向学生全面素质的提高。她认为，学生在学校主要的任务是学习，目标是在高考中取得好成绩，但是不能就此把高考作为一切，学校应该关注学生的学习、生活、情感等诸多方面，努力创建良好的校园环境，让学生在一个舒适的校园内实现全面发展。学生成绩受诸多因素的影响，并不是单纯地努力学习就一定能够提高学习成绩，“农村学校教育资源薄弱，学生刻苦、坚韧，渴望通过艰苦努力改变命运；而城市学校集中了优质的教育资源，使学生能够接受更加全面的素质教育，学习内容更加丰富，更能关注个人兴趣、特长的发展”。② 首先，明确规定学生在校期间必须穿校服、佩戴校徽。其次，严格执行A校制定的学生操行评定方案，采用记分与奖惩的方式来规范学生的在校行为，鼓励学生尊师守纪、勤奋学习，在德、智、体、美、劳等方面全面发展，成为“四有”新人；激励学生积极上进，爱护校园环境，推进素质教育，严格规范学生的行为，全面提升学生的素质。再次，鼓励与支持各类社团的发展，丰富学生的课外活动。为了推动A校艺术特色的发展，全面提升学生素质，学校重点打造学生社团。A校现有在校学生861人，拥有学生社团22个，包括合唱团、舞蹈社、礼仪社、管乐社、动漫社、书法社、扎染设计与制作社、摄影社等。社团活动频繁，学生参加区、市、省等的艺术竞赛活动，捷报频传。这

---

① 杨启亮：《薄弱学校：义务教育发展中的弱势群体》，《教育发展研究》2011年第15期。

② 张光义：《学校文化建构与践行》，西南师范大学出版社2015年版。

些艺术和社团活动虽然不能直接提升学生的学习成绩，但对学生的发展起着十分关键的作用：一方面能对学生起到很好的鼓励作用，可以极大地增加学生的自信心，让学生知道他们也是有特长、有能力的；另一方面能让学生逐渐热爱校园，喜欢在校园学习和生活，进而促进师生之间建立良好的关系，帮助与引导学生在学习上更加努力。从学校高考成绩，尤其是艺术高考成绩逐年提升的结果来看，这种全面素质教育活动的开展确实对学生的成长和成绩提高起到了很好的促进作用。

在艺术特色班的影响下，学校面向全体学生以多样的艺术活动着力提高学生的气质修养，在学生自由发展的同时提高他们的自尊心、自信心和进取心，让学生不断地去获得学习与活动的新成就，从这些成就中体验到胜利的喜悦，进而提高学习的自觉性和主动性。例如，学校一年一度的艺术节，汇集了硬笔书法、毛笔书法、美术、工艺制作、手抄报、插花、平面设计、电子报刊、网页设计、动画制作、程序设计、校园摄影和校园歌唱等个人项目以及文艺表演、墙报、班级装饰比赛和班级合唱等集体项目，覆盖面广，参与人数多是它最大的特色，每一名参与其中的学生都能充分感受艺术的魅力！学生在一首首优秀的歌曲中体验爱国、爱家乡的情感，在一幅幅生动的作品中感受合作的愉悦，现场进行的各项比赛更是让学生在竞争中学会成长！许多优秀的学生就在这些活动中脱颖而出，被选进学生合唱团、舞蹈队代表学校外出参加比赛，优秀的书法、美术、摄影和电脑制作作品等被选送到市、区、街道参加比赛，均获得了较好的成绩。

关于学生佩戴胸卡的规定①

为规范学生胸卡的佩戴，学校特制定有关规定，要求遵照执行。

1. 胸卡是学生的身份标识之一，要求学生上学期间在校内外

① 摘自A中学文件《关于学生佩戴胸卡的规定》。

都佩戴，以此作为自律和他律的一个手段，尤其要佩戴胸卡进校。

2. 学生胸卡走读生为蓝色，住宿生为绿色。

3. 胸卡应佩戴在左胸前，不允许将胸卡戴在衣领和衣角等位置。

4. 上课期间佩戴小胸卡，校内重大活动或外出按实际情况安排佩戴。

5. 佩戴胸卡情况纳入学生仪容仪表日常管理，每天由学生会干部检查。

6. 要求爱惜胸卡，不允许遮住照片或用其他人的头像代替，丢失胸卡要求补办，补办费用为5元/张。

7. 为避免伤害，上体育课或进行其他体育活动时可以取下胸卡，要求保管好。

8. 捡到胸卡的学生交到政教处，作为本班和个人好人好事加分项目计分，学生违纪又未戴胸卡的，学校给予加倍处罚。

每天锻炼一小时实施方案①

一、制定方案的意义

健康是素质教育的基础。为了更好地开展学生的课外体育活动，增进学生的身心健康，发展学生的兴趣、爱好和特长；丰富校园文化生活，加强校园的精神文明建设等，特制定此实施方案。

二、课外体育活动的要求

1. 要保证学生每天有1小时的体育活动时间（含体育课）；

2. 课外体育活动的内容要多样化，使不同兴趣、爱好的学生都能参加；

3. 教师要加强对学生课外体育活动的组织和指导；

① 摘自A中学文件《每天锻炼一小时实施方案》。

4. 利用课间操时间开展大课间活动（每次活动时间为30分钟）；

5. 利用每天第九节课开展课外体育锻炼（当天没有体育课的学生参加）。

三、课外体育活动的组织形式和具体内容

（一）大课间

1. 组织形式：上午第二节课后进行。

2. 大科间流程。

序号	活动流程	具体时间	具体内容	音乐编配
1	集结	9：20—9：24	各班学生在指定位置集合	待定
2	进场	9：24—9：26	四路纵队跑步	待定
3	第一时段	9：26—9：31	广播操	待定
4	第二时段	9：31—9：42	选项内容	待定
5	第三时段	9：42—9：47	太极拳	待定
6	退场	9：47 以后	学生有序解散	待定

（二）课外体育锻炼

1. 全校性体育锻炼

（1）组织形式：第九节课进行（当天没有体育课的班级参加）。是在学校统筹安排下，以年级或班级为单位进行的课外体育活动，具有一定的指令性，是课外体育活动的主体。

（2）具体内容：篮球、足球、羽毛球、乒乓球、武术、毽子、跳绳、跳橡皮筋、呼啦圈等。

2. 全校性或级组性体育竞赛活动。进行竞赛活动当天体育锻炼活动暂停，没有比赛的同学观看比赛或借器材自行锻炼。

A中学校园文明礼仪三字歌

讲文明，讲礼貌。见老师，问声好。见同学，问声早。上下楼，靠右行。

互礼让，要记牢。楼道内，要安静。爱树木，护花草。校内外，需做到，

有气质，有风度。仪态美，举止雅。谈话时，带微笑。打招呼，要礼貌。

吃饭时，不说话。就餐后，盘轻放。午睡时，不打扰。讲卫生，要做到。

有纸屑，不乱扔。见果皮，扔进箱。知节约，不浪费。校园内，要保洁。

主人翁，责任强。你我他，不缺少。文明礼仪要做到，校园建设更美好!

二 用“两率”来规范学生课堂行为，有效提高学生学习成绩

针对学校学生经常上课不认真听讲、打瞌睡的现象，在教师大会上，教师们集思广益，提出采用“降低趴桌率，提高抬头率”的方法来规范学生的课堂行为。以每个班级为单位，进行“两率”排名，并于每周一公布在学校的宣传栏处。学校每天安排老师和学生检查正在上课的班级，把趴在桌上睡觉同学的人数记录下来，算出“趴桌率”。校长在每周一的师生大会上，会对“抬头率”高的班级进行表扬。通过这个措施，学生们很快意识到上课睡觉不认真听讲并不只是个人行为，还会影响班级的整体形象和排名。与此同时，班主任也会严格地抓班级的“抬头率”和“趴桌率”。如果个人的行为影响到班级的形象和排名，会受到班主任的批评，而且这种行为更多地会让其他学生不能容忍，学生之间的相互竞争和监督，有效地让自己的行为变得更好，因为每个人都不想比别人差，更不想因为自己的行为让班级形象受损。这种自上而下，由学校到班级再到学生个人的措施很快就解决了这个一直困扰学校的难题，很好地规范了学生在课堂上的行为。课堂上睡觉的学生少了，抬头听课的学生多了之后，教师们上课的热情和积极性也得到极大提高，师生能够在课堂上进行有效互动。

经过长期坚持和师生共同的努力，学生的学习成绩也有了较大的提升。例如，2013 年术科高考，在全校师生的努力下，尤其是在高三师生的奋斗下，A 中学取得了优异的成绩。其中音乐考生上本科合格线的人数是 54 人，占考生人数的 94.7%；美术考生上本科合格线的人数是 131 人，占考生人数的 87.9%。在 2015 年的高考中，A 中学再创佳绩：考试人数 263 人，重点上线 14 人（没有市预测指标）；本科上线 75 人，完成市预测指标的 576%；专 A 上线 135 人，完成市预测指标的 519%，专 B 上线 209 人（以上统计不含音乐、美术考生单考成绩）。还有很多音乐、美术考生取得了大学的专业资格证，有部分同学通过单考获得大学的录取。作为广州市第六组生源的学校，A 中学 2015 年的高考成绩再一次彰显了它以文化为基础、以艺术为特色的超强的教学育人能力，音乐、美术高考成绩独占鳌头，并且成就了文科、理科学生的大学梦想。

除了学习成绩和高考成绩明显进步之外，学生在其他方面的表现也因为课堂好习惯的养成而有所改善。在 2014 年 10 月 11 日由区文明办、区教育局共同举办的“白云区第六届中小学生诵读中华经典美文表演大赛”中，A 中学的《长征组歌》在学校领导的支持下，在团委、语文科组的共同组织下，经过两位老师的精心选材、全力指导，和全体学生的辛苦排练，以精彩的表演、富有感情的语言表达，获得白云区中学组一等奖，高中组第一名。2016 年白云区中小学生“我的环保节日”演讲大赛决赛于 5 月 21 日在白云区少年宫举行，A 中学高一（1）班的吴同学以题为“节能减排创造美好生活”的演讲，在中学组 16 个参赛者中角逐，最后以出色的临场发挥获得中学组第一名。

三　进行教师师德考核，全面规范教师行为

学校根据实际情况，制定了教师师德考核表，由教师自己、其他教师、学校领导、学生和学生家长对教师的行为从依法执教、爱岗敬业、热爱学生、团结协作、尊重家长、为人师表等 8 个方面评分。考

核成绩分为优秀、良好、合格和不合格 4 个档次。每学期考核一次，考核的最终结果与老师的评优、晋升等挂钩。Z 校长说，实行师德考核制度的目的是希望教师能为学生的发展负责，以身作则用自己的行为影响学生，真正做到为人师表。实行师德考核制度后，师生们课堂互动更多了，课后的交流也增多了。一位英语老师说："通过这种师德考核制度，我更加清楚自己应该注意哪些方面了，我们学校老师经常在一起分享自己的教学经验，主动与学生家长沟通，共同促进学生学习进步。"《国家中长期教育改革和发展规划纲要（2010—2020 年)》指出："教育大计，教师为本。有好的教师，才有好的教育。"良好的教师团队精神，是教师思想的凝聚，是在学校发展、学校战略、学校价值观方面教师思想高度统一的体现，是学校发展的强大动力。A 中学以"立美育人，成就师生"的办学理念作引领，遵循"文化立校，特色育人，教改兴校，质量强校"的工作思路，以学校文化顶层设计为先导，以丰富多彩的活动为载体，通过教师团队文化建设打造和谐奋进、可持续发展的优质教师队伍，促进广大教师陶冶情操、提高艺术素养，全面提升教职工队伍的综合素质，营造团队文化，打造团队精神，为深化学校文化内涵，形成自身的文化特色，铸就学校文化品牌，打造学校文化核心竞争力发挥积极作用。

与此同时，除了通过考核来规范教师的行为之外，A 中学还特别邀请各类专家举办各种讲座活动来提升教师的素质，让教师成为学生的好榜样。例如，为提高广大教师的职业道德素养，更好地树立教师形象，2016 年 5 月 11 日下午，A 中学邀请了国家注册高级礼仪培训师、全国专业人才委员会师资教育导师邹老师在学校音乐厅面向全体教师开展了"魅力师'范'"教师礼仪培训活动。通过讲座和互动交流，让教师树立教师职业礼仪意识，掌握教育教学的基本技能和职场交往礼仪，通过模仿和内化，帮助教师提升自我礼仪修养，完善自我形象，提高教师的职业道德素养，提升 A 中学教师队伍的整体形象，增强教师的人际交往的能力，促进高尚、文明、和谐的校园文化建设。

幸福随着梦的脚步走

一个同行的朋友在QQ个性化签名上留言：别人把教书当职业，我把教书当事业。随着教龄增加，我越来越赞同这个观点，心中有如此宏愿，“将何往而非快”？

非常清楚地记得带第一轮普高毕业班的经历，那时候，年轻气盛。每个学生的作业，学生的每次考试，都全批全改，每道题都认真分析。记得许多时候，从办公室回到宿舍睡觉，已经是凌晨一点。学校的一名校工晚上起夜，撞见我，说：“怎么做老师这么辛苦?”功夫不负有心人，那一年，我们学校破天荒获得毕业班工作奖励二等奖。

随着工作年数增加，早已将蛮干变巧干，但工作的热情没变。记得一次高考前夕，我花了几天时间，研究高考名言名句默写的题目，猜了一份题，让学生考试前一天做。第二天高考，走出考场的学生佩服地告诉我：“老师，你真的猜到题了。”欣喜之情油然而生。“待到山花烂漫时，她在丛中笑”，说的大概就是这种境界吧。

有人说，幸福并不是与物质财富成正比增长的。我非常认同这个观点，几年前，我见一位年轻的同事拿着三四千的月薪常常抱怨，不禁回忆自己当年那几百块钱月薪时努力工作的情景，我想，快乐、幸福其实源于你的内心。

还是那句话，当你把教书当作一个职业时，也许你的幸福感有限；如果你把教书当作一个事业来经营时，你的使命感和幸福感将是无限的!

记得有这样一则故事，有三个砌墙工人，有人问他们在干什么。第一个没好气地说：“没看见吗？我在砌墙。”第二个工人说：“我在建个漂亮的大楼。”当他问第三个人的时候，那人开心地说：“我在建一座美丽的城市!”若干年后，第一个工人还是在砌墙，第二个工人坐在办公室里画图，第三个工人则成了他们的老板。有时候，对工作的幸福感决定成就的高度。

17 年前，教《邹忌讽齐王纳谏》时，我从题目、字词句、篇章一一来讲；17 年后，我讲这篇文章，只设计了一个题：请你找出一个你认为能反映本文主题的词。我预想学生的答案是“讽”，我的答案是“蔽”。试看人类生活、当今社会，怎一个“蔽”字了得？17 年前，教鲁迅的《药》，我让学生去分析华大妈冲茶时为什么给康大叔加了一个橄榄，17 年后，我让学生去给文中的每一个人物列一个简历表……

“没有教不好的学生，只有不会教的老师！”教育大师的话振聋发聩，催人奋进。是指引我前进的灯塔，是鞭策我前进的动力。作为一名教师，我坚信：梦想越多，幸福也越多。

四　有效规范管理者行为，全面落实学校管理工作

作为学校的领导与管理者，其言行举止是全校师生的表率，其工作风格和领导方式会对学校的发展、教师的教学行为以及学生的学习、生活等产生巨大的影响。例如，我国著名的教育家陶行知先生在当小学校长时，一天在校园里看到一名男生正想用砖头砸另一名同学。陶行知及时制止同时令这名男生去自己的办公室。在了解情况后他回到办公室，发现那名男生正在等他，便掏出第一颗糖递给他：“这是奖励你的，因为你很准时，比我先到了。”接着又掏出第二颗糖：“这也是奖励你的，我不让你打人，你立刻就住手，说明你很尊重我。”该男生将信将疑地接过糖。陶行知又掏出第三颗糖：“据了解，你打同学是因为他欺负女生，说明你有正义感。”这时那名男生已经泣不成声了：“校长，我错了。不管怎么说，我用砖头打人是不对的。”陶校长这时掏出第四颗糖：“你已经认错，我们的谈话也结束了。”这四颗糖的故事及其带来的启示，值得广大中小学校长与管理者学习，使他们学会用智慧和管理艺术来促进学校的发展。

学校针对组织机构的调整与变革，提出了以“教育教学为中心”“以学生发展为中心”的理念，并制定出相应的规章制度和岗位职责来确保理念的有效落实。学校领导希望从管理者自身的行为抓起，端

正领导干部的作风，督促他们认真履行职责，为学校师生树立良好的典范，真正推动学校的发展。在学校综合楼的前面，笔者看到了张贴在学校宣传栏的各种领导小组成员名单，包括德育工作领导小组、教科研工作领导小组、艺术发展工作领导小组、食品卫生安全检查小组等共十个领导小组。学校的每一位领导都有明文规定的职责。如教科研工作领导小组中的科组长的职责就有：第一，必须按时参加市、区教研室每学期组织的科组长专题活动，并按要求落实相关工作；第二，每学期开学，要在本科组教师的共同讨论下，制定本科组本学期详细的教学教研工作计划。同时，对完成得好或未能完成的管理者都有相应的奖惩措施。

第四节　学校精神文化变革的过程

访谈资料四

作为一名校长，最重要的是要有自己的办学思想和理念，然后结合学校实际提出学校的办学思想和理念，最后用思想和理念来引领学校发展，促进师生成长。我 26 岁开始做校长，现在已经快 20 年了，别人都认为我有很明确的办学思想并能严格地执行。但更多的时候我是跟着感觉走，我全心全意地扎根在自己的工作岗位上，用爱心与责任去认真对待每一名教师和学生。所以结合 A 中学的实际情况，我提出了“立美育人，成就师生”的办学理念。我通过确立学校的艺术特色，加强美育来培养学生；同时也特别重视教师的发展，不仅提高他们的工资待遇，而且提供各种培训机会促进他们的成长。而我作为校长，一位管理者，更多的是为教师教学和学生学习创造一个好的环境，明确学校或者说管理者的核心是教与学，把教师和学生放在核心位置，而不是把管理学校作为一个跳板，一味地追求自己的升职。

当然确立学校的办学理念、校训之类的，并非一件轻松的事情。我希望办学理念和校训能够真正引领一个学校的发展，而不是当作文件存放在那里，更不能只是流于形式。所以我们一方面需要认真地从理论的层面提出学校的办学思想和理念，另一方面应在实际中克服各种困难努力推行这些理念，发挥思想指导行为的作用。学校之前“爱”“勤”“严”“美”的校训，我觉得已经很不合学校的现状与未来愿景，我根据自己的实证调查和理论知识欲把“厚德博艺，真诚求知”确立为学校的校训。在形成校训的过程中，我不仅自己思考，还和学校管理者及教师开会商量。但在确立的过程中，我必须考虑校党委书记是否真心接受，能否配合我修改校训，因为他是前任校长，他用的校训就是“爱”“勤”“严”“美”，所以我不能说改就改，还需要考虑其他人的意见和感受。我在校园门口建了一个标志性建筑，上面写着“厚德博艺，真诚求知”，我希望借市教育局领导视察的机会，向全校师生宣布新的校训。所以我现在只是在不断突出学校办学特色，等待一个合适的时机，顺理成章地确立新的校训。可以说，在学校精神文化的建设中，很多东西都不是一蹴而就，而是慢慢展开，逐步推行的，我需要权衡各方利益，顾全大局，既不伤害与老校长之间的情谊，又不断推行自己的办学思想，采取各种措施促进学校成功转变。

一　理念引领学校发展

学校精神文化是现代学校存在的最高价值，是学校文化的核心与灵魂，是学校教育教学行为和管理活动的最高价值标准与原则。其中，学校理念是学校精神文化的最重要组成部分。A中学地处城乡接合部，学生大部分来自周边农村，有些学生未能养成良好的行为习惯，文化基础比较薄弱。如何办好学校，如何让学生养成良好的习惯，在学校健康成长，成为摆在学校管理者面前的重要任务。通过在校园内对全体学生进行调查以及与部分学生和教师深入交流，对他们进行访谈，学校管理者结合学校的历史传统、当下发展的现状以及学校未来的发展愿景，在坚持传承与创新相结合的基础上，提出了以理念引领学校发展的重要路径。学校管理者经过反复论证和思考，逐步形成了理念引领学校发展的局面。具体而言，包括逐步形成了“立美育人，成就师生”的办学理念和价值追求，为师生的成功、成才服务，秉承并践行“一切为了每一位学生的发展”的新课程理念；在办学理念的统领下，学校逐步形成了“以艺育德，以德促艺”的德育理念，以及进一步明确了“成功导学，能动参与，教学相长”的教学理念。

（一）学校办学理念的形成与发展

办学理念是学校办学的重要因素，是引领学校发展的灵魂，指明了学校发展的方向，是全校师生的共同愿景，学校发展要形成特色，离不开学校办学理念的指引。在Z校长看来，A中学之前是没有所谓办学理念的，更多时候学校是按着原有的模式与惯性发展，即使是学校领导也不清楚学校未来发展的规划与蓝图。办学理念不是虚幻的标志，而是学校师生共同的价值追求和理想信念。为了引领学校改造与文化变革，必须明确提出学校的办学理念。A中学召开全体教职工会议，教师员工在会议上围绕学校的办学理念与方向进行充分讨论，反复论证后，逐渐确立了“立美育人，成就师生”的办学理念。其内涵就是确立以美育人的办学价值追求，为师生成功、成才服务。学校着力于为学生的健康成长奠基，为教师的专业发展铺路。这个办学理念的确立得到了广大师生的认可，并极大地调动了师生的积极性。从与校长、师生的访谈中得知，这个办学理念主要包含两层意思：第一，指明了学校办学的方向与特色。作为一所薄弱学校，A中学首先面对的是生存问题，然后再寻求发展，“立美育人”的提出确定了学校办学的方向，是希望通过学校的艺术教育来达到育人的效果。因为学校办学基础薄弱，为了更好地得到上级部门的支持，完成上级领导部门下达的升学率等硬质指标，学校必须紧紧抓住学校艺术生的优势，让他们考出更好的成绩，然后再带动学校的发展，给学校的学生增添信心。第二，师生的共同发展是学校办学的出发点和归宿。一所薄弱学校要向前发展，必须让全体师生齐心协力，紧密团结在一起，充分发挥全校师生员工的智慧与力量，因此学校改造的落脚点应该是师生的共同发展。在学校发展与变革的过程中，不仅学校需要取得更大的进步，教师也应该在教学和工作的过程中获得成长，这种成长所带来的力量会促使大家对学校变革更有信心和动力。例如，教师为了提高学生的学习成绩，不断促进自己的专业成长，这个过程中教师的教学让学生有所进步，同时自己的专业能力也获得了提升。这种和谐的共生状态，对于改造中的薄弱学校师生尤其重要。从学校改造与文化变革的过程和效果来看，A 中学提出的这个办学理念确实对学校的改革发挥了很好的引领与指导作用。

（二）学校德育理念的形成与发展

结合学校实际，经过实践探索，A 中学确立了“以艺育德，以德促艺”的德育理念。通过充分挖掘学校各环节的美育功能来实现学校由艺术特色教学、艺术特色教育向美育教育的转变；实现学校由艺术班教育、学生全员艺术教育向“立美育人”的转变，最终实现“处处有美育，班班有特点，个个有修养”的培养目标。学校通过“立美”教育使学生提高文化艺术素养，培养感受美、鉴赏美、表现美、创造美的能力，树立正确的审美观念，抵制不良文化的影响；教育学生陶冶情操，发展个性，启迪智慧，激发他们的创新意识和创造能力，从而培养“德艺双馨”的社会主义合格公民。

在以艺育德方面，学校主要采取了以下措施：第一，发挥艺术特色班的辐射作用，打造“立美育人”的硬环境。学校艺术特色班（含音乐和美术）的学生因为目标明确，无论是在术科专业学习上还是在文化课学习上都非常刻苦，而且由于术科的专业内容多，艺术生往往要比普通生付出更多的努力，这也造就了艺术生吃苦耐劳的坚强意志。也正因为这样，历届艺术生的综合能力和成绩都出类拔萃。学校充分把握艺术生的这一特质，将它辐射至全校学生，收到了事半功倍的良好效果。具体路径包括：用艺术生骄人的高考成绩去触动学生；用艺术生良好的综合素质去感召学生；用艺术生优秀的作品去熏陶学生；用艺术生规范的课程氛围去感染学生。[①] 第二，实施全员艺术教育，打造“立美育人”软环境。学校充分挖掘学科教材中审美教育的内容，将课程活动化，使学科教学的美育功能发挥到极致；以表演艺术团和艺术节为载体，将活动课程化，促进学生的全面发展。

在以德促艺方面，学校通过整合各方资源，渲染艺术氛围，主要体现在：第一，创设浓厚的人文气息和良好的美育环境促进学校艺术工作向规模化扩展，形成高考艺术和全员艺术教育梯次发展、相互促进的良好局面，实现了高考艺术上等次、全员艺术教育高水平的目标。第二，利用弥漫性效应，创设良好的美育环境，使全员艺术教育四面开花，屡创佳绩；努力营造校园文化艺术环境，让学生在良好的教育环境中提升艺术能力。为配合全员艺术教育，学校给学生营造了浓厚的校园文化艺术氛围，从校园的布置到艺术作品的选取和展示等，学校都精心设计，让全校学生的艺术爱好、审美情趣产生了巨大变化，良好的艺术素养使他们在各项活动中屡创佳绩。

（三）学校教学理念的形成与发展。

“成功导学、能动参与、教学相长”的教学理念是广大一线教师以及学校管理者共同努力提出来的，是适合 A 中学实际情况的教学理念。全校教师相互影响，不断转变教学理念，逐步改变传统的课堂教学方式，创建了“成功导学”的课堂教学模式，关注每一位学生的成长，让学生在课堂中学有所成，学有所乐。之所以提出“成功导学”的理念，主要是希望教师备课能够更加充分，结合学生的实际情况，通过激发学生兴趣的方式让学生在课堂上有所思考、有所收获，而不是教师一上课就把知识点告诉学生。这种导向型的教学主要通过激发兴趣、激发疑问等方式来进行，要求教师充分备课。通过导向型的教学模式将学生吸引到课堂，并实际参与课堂教学互动，能够充分发挥学生的主观能动性，激发他们在学习上的积极性和主动性。通过

---

① 朱小妹：《在艺术美中化蛹成蝶》，http：//www. gz68. com/bencandy. php？ fid =84&id =95。

实地研究发现，实行“成功导学”模式后，课堂中学生“抬头率”提高了，“趴桌率”降低了，证明了教师的教与学生的学在发生变化，师生之间有了更多的课堂互动。这也为师生和课堂的“教学相长”打下了基础。当然，这些良好理念的形成与运用并非一蹴而就、一帆风顺的，在实际的教学过程中，这些理念的推行碰到了很多的困难，困难形成的原因既有教师方面的，也有学生方面的。例如，教师对理念理解不到位，导致实践难以顺利开展；学生认为有些理念根本不适合他们，因此并不会认真配合。面对这些困难，学校管理者也多次要求年级组的教师深入课堂，共同分析教学中存在的现实问题，并通过团队反思与团队协作的方式进行解决，在实践中不断探索，促进学校、教师和学生的共同发展。

二　管理实行以人为本，形成管理为教学服务的理念

学校的核心任务和中心工作是教学，学校的教学质量是评价一所学校办学水平的最重要指标。因此，学校的管理工作应该是为教学服务的，但在我国中小学教育的现实中，许多学校的管理凌驾于教学之上，管理不仅难以为教学提供有效和周到的服务，而且还会因行政权力的膨胀而不断干扰和阻碍教学工作的开展及取得成效，甚至有的学校存在教学工作围绕管理工作展开的情况。因此，为了更好地促进学校的改造与发展，学校领导层提出了“管理为教学服务”的理念，并在具体的管理工作和实践中践行“以人为本”的原则。

学校实行校长负责制，本着“以人为本”的教育思想，强调管理的终极目标是促进师生的进步和发展，在管理实践中，A 中学逐步探索出把制度管理、目标管理、民主管理和情感管理有机结合的路径。例如，学校的制度规范是强制性的，会对教师产生压力，但有的时候教师会因为突发事件需要请假，难以按时完成学校的工作，这时就需要学校领导运用情感管理艺术，给予教师人文关爱。这种管理的艺术既可以杜绝教师偷懒而故意请假不参加学校活动的情况，又不至于让真正有事不能参加学校活动的教师产生过大的心理压力。

这种管理方式正在学校进行实验，它要求管理者能够将严格要求和人文关怀紧紧结合起来，形成一种行之有效的管理模式。A中学尝试建立五级管理模式，五个系统分工明确，紧密合作，通过有效的授权，明确了管理责任，简化了管理程序，激发了教师的积极性，提高了工作效率，真正做到了管理是为教学服务的。全校上下都应深刻认识“教学质量是学校的生命”，唯有不断提高学校的教学质量才有可能让更多的学生获得成长，在高考中考出更好的成绩，提升学校的办学水平与社会声誉。因此，在学校精神文化变革的过程中，首要的任务是不断在校园内确立各种正确的价值观念与追求目标，同时不断地进行宣传和推广，让其真正深入全校师生的心中，进而指导和规范师生的行为。例如，学校推行“管理为教学服务”的理念，因此学校管理者不能无故干预教师的正常课堂教学行为，这已成为学校管理者的共识，并在实践中被严格遵守；当教师感觉到自己的课堂教学被行政权力干预时，可以通过教师代表大会进行讨论，对干预行为进行矫正，并对干预者提出批评，久而久之，全校师生都能自觉地遵循学校的正确理念，让理念的力量引领学校朝着正确的目标前进。

三　学校教学的重点从关注高考转向全面素质教育

Z校长在访谈中说，现在的教师以高考为指挥棒，指挥着学生向高考前行，学生身心受到双重压迫，似乎高中三年只是为了在高考中考出一个好成绩。面对A中学的现实情况，Z校长提出在校园内推行全面素质教育。她认为，全面素质教育是一种旨在开发学生身心潜能，培养学生整体素质，养成学生健全个性，发展学生创造力的整体性教育活动。高考固然重要，但学校不能因为高考就忽视学生的个性、学生的人格，学校要树立一种全新的素质教育理念，并努力在全校范围内推行，让学生在校园内健康快乐地成长，而在这个成长的过程中，也要注意不断提高学生的学业成绩。全面素质教育的理念刚开始提出来的时候，许多教师非常不理解：学生的学习成绩都不好，还谈什么全面素质呢？后来Z校长不断在全校范围内对此理念进行深入探讨和广泛宣传，认为这是当下比较适合学校及学生发展的方向。一方面，正因为学生的学习成绩不太好，所以更需要从其他方面来挖掘学生的潜力，从而促进学生和学校的发展。另一方面，这种全面素质教育的转向，有利于扩大学生的视野，增强学生的信心，通过其他方面素质的提升转而促进学生学习成绩的提高。这两者相互促进，有机融合，不能简单地将其割裂开来。此后学生的进步与发展充分地证明了这种教学理念和方式的成功，但全面素质教育的推行并不是一帆风顺的，学校全体师生为此付出了很多的努力。

在这种教学理念的推动下，全校管理者转变管理观念，始终做到为学生负责、为学生创造一个良好的校园环境，让学生在校园内身心健康发展；与此同时，全校教师也不断转变教学观念，改变传统课堂教学方式，创新课堂教学方式，在课堂中以学生为主体、为课堂的中心，引导学生积极互动与讨论，让学生快乐地学习。这样一种理念从长远来看对学生的成长是非常有利的，只注重高考只能为学生考上大学打下基础，而全面素质教育能为学生今后的成长打下基础。Z 校长说："这种理念要推行下去是会碰到很多挫折与困难的，但是我们将和学生一起，在实践中不断探索，促进学校及学生的发展。"围绕艺术教育这个核心，学校多方位地开展各项教育活动，并以活动教育带动思想教育，通过各种培养形式来促进学生的自信心和上进心，继而达到让学生找到学习的动力和做人的基本准则的目的，在学生树立"快乐学习，快乐生活"健康心态的同时提升了学生的整体素质。现在走进 A 中学，到处都可以感受到学校的艺术气息，学生的综合素质得到了极大的提高，与此同时，学生的学习成绩和学校的高考成绩也取得了很大的进步。

四　加强教师团队合作，打造教师团队精神

教师是学校的重要主体，教师所体现出的精神是学校精神文化的重要组成部分。《国家中长期教育改革和发展规划纲要（2010—2020）》指出："教育大计，教师为本。有好的教师，才有好的教

育。”薄弱学校之所以薄弱，许多时候并不是缺乏有能力和有水平的教师，而是因为教师们各自为政，不专心于自己的教学工作，甚至钩心斗角，缺乏有效的合作。良好的教师团队精神，是教师思想的凝聚，是在学校发展、学校战略、学校价值观方面教师思想高度统一的体现，是学校发展的强大动力。薄弱学校教学进步与学生成长的前提是教师的改变与成长，只有教师的观念和行动发生改变，学校的教学与学生才能取得进步。因此，为了有效转变学校的教学重点，让学生获得更全面的成长，学校非常重视教师团队建设，努力构建团队合作的教师文化。例如，A 中学以“立美育人，成就师生”的办学理念作引领，遵循“文化立校，特色育人，教改兴校，质量强校”的工作思路，以学校文化顶层设计为先导，以丰富多彩的活动为载体，通过教师团队文化建设打造和谐奋进、可持续发展的优质教师队伍，促进广大教师陶冶情操、提高艺术素养，全面提升教职工队伍的综合素质；营造团队文化，打造团队精神，为学校深化文化内涵，形成文化特色，铸就文化品牌，打造文化核心竞争力发挥积极作用。2016 年 A 中学获得广州市高中毕业班工作一等奖和白云区高中毕业班工作特等奖，这是全校教师共同努力的结果，也是学校加强教师团队合作，发挥教师团队精神的成果。学校教师团队合作对学校的改变与发展起了巨大的推动作用，正是全校教师同心协力，才使得学校文化变革过程更为顺利，学校有了较大的进步。笔者访谈的一位教师说道：“经过这几年的改革，我觉得学校最大的变化就是，大家从自己做自己的事情，变得更喜欢一起交流了。以前我在学校工作的时候，自己备课、自己上课，而现在我们会在一起备课，一起交流心得体会。当有人要去参加外面的比赛时，大家都会努力地为他提供各种各样的帮助，这也是为什么这些年我们学校的教师经常获奖的原因，其实都是大家努力的结果。”

第四章　薄弱学校文化变革的成效

A 中学由一所典型的薄弱学校，通过学校文化的变革，经过全校师生五年多的持续努力，终于成功摘掉了“薄弱学校”的帽子，成为市一级学校，形成了学校发展的特色，成功实现了学校的转型发展。A 中学的改造及文化变革，探索出了一条适合学校自身发展的道路，取得了令人惊叹的改革成效。笔者长期坚持对该校进行观察与研究，也有幸见证了 A 中学文化变革及学校改造的全过程，对于学校文化变革的整个过程进行了较为深入和系统的研究。那么，A 中学学校文化变革的具体成效如何，是否存在需要进一步解决的问题与困境呢？这不仅是本书需要进一步回答的重要问题，也是 A 中学管理者关注的现实问题。本章尝试对 A 中学文化变革和学校改造的过程进行系统梳理和回顾，总结学校文化变革取得的成效，同时进一步分析学校文化变革存在的问题与不足。

第一节　学校文化变革的总体成效

为了全面反映学校文化变革的真实情况，本书通过问卷调查、实地观察和深入访谈三种方式收集数据和实证资料，以便对 A 中学学校文化变革的效果进行全面的分析和系统的梳理。为了全面了解 A 中学在学校文化建设方面取得的成效，本书借鉴以往关于学校文化研究的调查问卷，结合 A 中学学校文化变革的具体情况，编制了“学校文化调查问卷”。调查问卷分为教师卷和学生卷两种类型，分别用于对学校教师和学校学生的调查。两份问卷都从学校物质文化、学校制度文化、学校行为文化和学校精神文化四个维度设置题项，对A中学的学校文化进行测量。用Liker五点尺度测量方法，按照与实际情况的“完全不符”“比较不符”“一般”“比较符合”“完全符合”，依次给予1、2、3、4、5分，把总体均分3分作为衡量学校文化水平的理论均值。学校文化均分大于3分，则认为该学校文化水平较高；相反，则认为该学校文化水平较低。通过前期的预测和项目分析，可以认为调查问卷具有较高的信度、效度和区分度。接着选取A中学的部分教师和学生进行调查，测量A中学学校文化建设的成效。教师部分随机选取了A中学的50名教师，其中，男性教师16人，女性教师34人。收回有效问卷50份，回收有效率达100%（样本基本情况见表4－1）。学生部分随机选取了A中学的230名学生，其中男生120人，女生110人，收回有效问卷224份，回收有效率为97.39%（样本基本情况见表4－2）。

表4－1　**教师被试构成状况**

人口统计变量	类别	人数（人）	百分比（%）
性别	男	16	32
	女	34	68
最高学历	中专	1	2
	大专	44	88
	本科	5	10
教龄	5年以下	5	10
	5—10年	25	50
	11—15年	9	18
	15年以上	11	22
职称	二级	12	24
	一级	31	62
	高级	7	14

续表

人口统计变量	类别	人数（人）	百分比（%）
班主任	是	11	22
	否	39	78

表 4－2　**学生被试构成状况**

人口统计变量	类别	人数（人）	百分比（%）
性别	男	114	50.9
	女	110	49.1
年级	高一	81	36.2
	高二	87	38.8
	高三	56	25.0
班干部	是	74	33.0
	否	150	67.0

本书通过对调查问卷的回收和统计，首先从教师和学生两个主体，对学校文化的四个维度进行描述性统计和分析，其结果如表 4－3 所示。

表 4－3　**学校文化各维度均分描述性分析（教师）**

维度	N	题数	均值	排序
物质文化	50	3	4.65	1
制度文化	50	4	4.54	3
行为文化	50	7	4.46	4
精神文化	50	6	4.60	2

从表 4－3 可以看出，学校教师对变革后的学校文化四个维度的满意度都特别高，其中对物质文化的满意度最高，达到 4.65 分；物质文化和精神文化的得分都达到 4.6 分以上，这充分说明学校文化变革的巨大成功。这同时也说明，学校文化变革作为一项系统建设工

程，从文化的最外围到最深层都取得了良好的成效，这不仅切实提高了学校的发展水平，而且使广大教师特别满意学校文化建设的成果，这为学校未来的发展奠定了非常好的基础。

表4－4　　　　学校文化各维度均分描述性分析（学生）

维度	N	题数	均值	排序
物质文化	224	6	4.07	1
制度文化	224	5	3.73	4
行为文化	224	6	3.75	3
精神文化	224	6	3.84	2

从表4－4可以看出，学生对A中学学校文化各维度的满意度的得分均超过了理论均值3分，学生们对A中学学校文化建设的效果比较满意，尤其是对物质文化建设。学生对学校文化各维度评分的排序与教师基本一致，从高到低是物质文化、精神文化、行为文化和制度文化。但是我们也可以看出，学生对学校文化变革成效的评价，不管是从整体层面，还是从各维度层面都比教师的满意度要低。

通过对调查数据的统计分析，结合笔者长期的实地观察以及深入调查所获得的资料，本章将从物质文化、制度文化、行为文化和精神文化四个维度来展示学校文化变革的整体成效。

一　创建了蕴含思想性、情感性、艺术性的物质文化

物质文化既是学校显性文化存在和发展的物质基础，也是学校隐性文化的物质载体。它是推进学校文化建设的基石，是学校文化建设的重要组成部分。浓厚的学校物质文化氛围能够有效熏陶、引导和感染师生。因此，学校物质文化氛围的营造，是学校文化建设的重要组成部分，必须精心规划和创建。A中学非常重视提高学校物质文化品位，根据学校教育的特点、学校所处区域的特点，以及学校的办学特色，发动全校师生共同参与讨论，科学规划，合理布局，在建设规范

化、标准化的基础上，创建蕴含思想性、情感性和艺术性的物质文化，形成A中学独具特色的物质文化风格。

首先是校园标志性建筑的文化设计。校园标志性建筑是学校文化精神的外在集中反映，是校园布局的灵魂和统领性建筑。在建设物质文化时，学校首先确定了已有的标志性建筑中哪些属于重点标志性建筑并加以保护，然后进行新的规划，如附加雕塑，改善绿化。将新修的标志性建筑纳入校园文化建设总体规划并进行精心论证，充分展示其文化内涵，使新建标志性建筑体现出意识形态与学术特征的结合，体现出现代科学与人文精神的结合，比如A中学畅想楼的建设。

其次是学习区、活动区文化氛围的营造。在学习区文化氛围的营造上，Z校长始终强调真诚求知、大胆想象的文化主题，不论是教室、阅览室、美术室、室外阅读场所还是图书馆，都坚持在“整”“洁”“静”“雅”四个字上下功夫。同时，在教学楼和教室布置时张贴著名画家和音乐家的画像，悬挂著名的治学和教育的名言警句，在主要教学楼或阅读场所设立了国内外著名艺术家的塑像，并书写激励学生奋发向上的标语，内容包括校训、校风、教风、学风等。活动区是进行文化艺术、体育活动的主要场所，学校注意发挥其综合功能，在主要的艺术和体育场馆，设置了以艺术、音乐为主题的塑像、标语等。

最后是校园的净化、美化和绿化。校园环境卫生要高标准严要求，即室内外地面无垃圾无灰尘；窗明桌净，现出本色；垃圾箱、果皮箱的设置，数量足够并且位置适当，垃圾清理及时；墙壁内外无脚印、球印，桌椅摆放整齐，无乱刻乱画现象，无乱丢的废纸杂物，内外环境安静。校园的美化方面，A中学对校园内的教学楼、校内道路、活动场所以及绿化区有统一规划，使其布局合理、规范，给人以整洁、美观之感。校园绿化要力求打造“春有花、夏有荫、秋有果、冬有绿”的生态式校园环境；绿化区、绿化带、绿化树的管理与职责落实到班级与各处室，实行责任管理，并开展评比活动，为创设优美的校园环境提供保障。

二 创建了以人为本、以师生为主体、以服务为宗旨的制度文化

学校制度文化是学校文化极其重要的组成部分，它是学校文化的基础，为整个学校文化建设服务，是维系学校正常秩序的保障机制，是学校文化建设的保障体系，它是制度，又是文化。制度是有形的条文，但它同时又是无形的学校文化载体。Z 校长在创建学校制度文化的时候，希望逐步形成一种以人为本、以师生为主体、以服务为宗旨的制度文化。

首先，以人为本。学校是师生活动的场所，师生是学校的主人。在制定学校制度与创建学校制度文化的过程中，A 中学的管理者始终强调要以人为本，制度及制度文化的形成应当充分尊重教师与学生的基本人格与权利，关注学生发展的年龄特征，关心教师的生存与发展。学校的制度的实施应当是有利于学校及师生的发展，而不应当成为一种阻碍师生成长的不利因素。好的制度，应在全校范围内，鼓励教师与学生大胆创新，协同合作。学校的制度在发挥引导与约束功能的同时，还要充分发挥其激励功能，也就是说，学校制度应该蕴含伦理精神，从而形成一种充满人文关怀的学校制度文化。

其次，以师生为主体，改变学校原来的外控式管理，提倡学校自主管理，培养师生的主人翁意识，让他们参与学校的日常管理活动。学校制度的制定不仅是学校高层管理者的事务，学校不同层次的部门也有制定制度与规范的权力，例如班级管理制度与规范，就应该充分发挥班主任与学生群体的主动性，鼓励他们自主制定，并进行自我管理。一般而言，学生自己制定的班规制度，他们有更大的心理认同感，更容易遵守。这样的制度更适合班级以及学生的实际情况，能形成更好的制度文化，促进养成自我管理的习惯，促进自我发展。

再次，学校的制度建设需以服务为宗旨。学校的核心是“教”与“学”，管理者的许多工作都要以提高教师教学水平、促进学生学业成绩为目标，学校制定的各项规章制度都要以服务师生为宗旨。学校的诸多管理制度，充分体现出学校对教师的尊重与关爱，例如学校的

人事制度充分尊重教师的差异与能力，努力将教师安排到合适的工作岗位。学校的制度应该为全校师生的日常工作与学习服务，学校应创造合理有序的制度环境，促进师生的成长。

A 中学以原有的口头指令为基础，革除其中不科学的、陈旧的部分，代之以科学合理的制度文化。经过学校管理层及广大师生的努力，学校立足现实，着眼长远，建立了一套制度健全、目标明确、讲求效率的管理体系。学校校级、中层管理干部形成梯队结构，分工合理，实现了管理的精细化和高效化。以人为本是管理的立足点，学校紧紧围绕教育教学这个中心，努力做到教学、教研、师生管理的“人本化”，以实现管理育人的目标。学校从改革教师管理模式入手，加强人性化管理，把关心人、激励人、解放人、发展人放在管理工作的首位，同时强调关爱学生身心健康，关怀学生成长，培养学生成才，将以人为本的管理理念渗透到工作的每一个层面，实现师生的和谐发展，践行“立美育人，成就师生”的办学理念。

三　创建了领导合作、教师团结、学生互助的行为文化

如果说精神文化是学校文化的核心与灵魂，那么行为文化则是学校文化的外壳，是传达和表现学校文化核心与灵魂的载体，没有这种载体，学校精神则无法显现。学校行为文化能促使师生规范自己的行为和态度，彰显学校的办学品位，体现师生的精神面貌。学校行为文化是学校文化的晴雨表和学校的“活文化”，是学校主体在学校进行各种活动或行动时的动态反应，在学校文化体系中有不可取代的地位。学校行为文化主要通过学校的管理者、教师和学生表现出来。

首先，A 中学强调管理者之间的合作。Z 校长清楚地知道 A 中学要想实现成功改造，绝不是凭一己之力，一厢情愿就能成功的，必须要取得学校其他管理者的支持和配合。所以 Z 校长上任之后，一方面亲力亲为，全方位了解 A 中学的现实情况，另一方面更加强调与其他领导干部的交流合作。

其次，A 中学强调教师之间的团结和交流。Z 校长关注教师们的

需求，为教师进行教学改革提供各种保障，鼓励教师相互交流心得和工作经验。A 中学定期召开常规会议，每次会议上，Z 校长都会让教师们把教学上遇到的困难说出来，然后让全体教师参与讨论。这种讨论的形式能够有效加强教师间的团结，促进教师的交流，形成一种好的教师行为文化。

最后，A 中学强调学生之间的互相帮助。A 中学已经创建了 22 个学生社团，社团活动一方面是为学生们展现自己的兴趣特长提供好的平台，另一方面也是为了加强同学之间的交流，促进学生之间的团结协作。课堂上，教师们也特别注意普通类学生和艺术类学生在学习上的交流，让所有学生都能在一个良好的班级氛围中互相学习，共同进步。

四　创建了传承历史、展现特色、引领未来的精神文化

学校精神文化是学校文化的核心，是学校的灵魂，主要包括学校历史传统和被全体师生员工认同的文化观念、价值观念、生活观念等意识形态，是一个学校本质、个性、精神面貌的集中反映。A 中学注重学校精神文化建设，特别是理念系统的文化建设，认为教育首先是人的教育，人的自我完善与健康成长应该是第一位的。

首先，德育理念继承学校优秀传统。A 中学“以艺育德，以德促艺”的德育理念，是在继承学校优秀历史传统的基础上提出来的，学校希望把学生的德行与学校的艺术特色有机地结合起来，培养具有突出艺术才能和良好德行的学生。

其次，教学理念展现学校艺术特色。A 中学将“成功导学、能动参与、教学相长”确立为学校的教学理念，充分考虑到艺术类考生的学习特色，使他们既能够很好地提高文化课程成绩，又能在艺术课程成绩上有所突破。

最后，办学理念引领学校未来发展。学校的办学理念是学校管理者结合学校实际情况提出的学校发展的愿景，具有引领学校发展的作用。A 中学以“立美育人、成就师生”为办学理念，希望办规范加特

色的学校，育合格加特长的人才。这样的一个办学理念为 A 中学今后的发展指引了方向，使全校师生能够齐心协力，谱写学校未来发展的美好篇章。

学校文化取得的一系列成就还获得了相关领导与学校同行的好评，有效提升了学校的形象与社会知名度。

2013 年 7 月 11 日上午，福州市晋安区教育局叶奇栋局长，在白云区教育局杨雄忠副局长等的陪同下，到广州市 A 中学进行参观、交流。叶局长一行首先参观了校园及学校的校史馆、书画苑、音乐厅、数码钢琴室等部分教学场室；随后由校长详细介绍了学校的办学情况及办学特色；之后，双方从县域角度、学校角度两个层面就学校的办学特色、课程设置、师资配备等问题进行了深入的交流。参观团成员对 A 中学对特色办学的追求和所取得的成绩表示由衷的敬佩和高度的肯定。

2013 年 5 月 28 日，中山市濠头中学艺术科组一行 11 人在校长的带领下，莅临 A 中学进行艺术教学交流。交流活动分为两校校长互相介绍本校发展情况、参观艺术场室、老师听课与研讨三部分。通过交流，增进了两所学校之间的友谊与了解，分享了艺术教育所带来的喜悦，还对艺术教育发展过程中的问题进行了有效的探讨。

第二节　学校物质文化变革的成效

从上文的调查结果我们可以看出，学校物质文化在教师和学生满意度方面的得分最高，均值分别达到 4.65 和 4.07。这足以说明 A 中学物质文化变革成效显著，该校的物质文化变革为师生的学习、工作和生活提供了一个舒适的环境，让全校师生都觉得很满意。A 中学物质文化变革的具体成效可概括为三点。

一　学校布局科学合理，突出了学校以人为本的原则

A 中学在对校园进行重新规划与布局之后，对学校的教学区、生

活区和运动区进行了合理的划分。从地形特征、学生学习生活规律、校园管理多方面考虑，学校将西边一片狭长的地带布置成生活区，主要包括三栋学生宿舍楼和学生食堂；将北面宽敞的地带设置成运动休闲区，包括学校操场、乒乓球场及篮球场；将南面规划成由教学楼、综合楼、音乐楼和美术楼组成的教学区。布局上打造生态景观中心，使校园内各功能区具有各自的景观环境和特色，在形态和空间上相互联系，形成层次结构分明、动静相宜、功能布局合理的校园空间结构。这样合理的学校布局，为学生学习、生活和运动提供了便利，这也是学校建设始终坚持以人为本的重要体现（师生对学校环境和布局的满意情况见表4－5）。

表4－5　师生对学校环境和布局的满意情况　（人数，%）

群体	很满意	满意	一般	不满意	很不满意
教师	35（70）	13（26）	2（4）	0（0）	0（0）
学生	51（22.77）	115（51.34）	48（21.43）	5（2.23）	5（2.23）

从表4－5可以看出，A校教师和学生对学校环境和布局的满意度较高，在50名教师中，有35人表示很满意，13人表示满意，满意度高达96%，而且没有被试教师对学校环境和布局感到不满意。在学生方面，很满意的有51人，满意的有115人，满意度为74.11%，学生对学校环境和布局不满意的仅占4.46%。

二　学校建筑简约大方，凸显了学校特色和地区特色

A中学的教学区总共有四栋楼，其中两栋一栋为音乐楼，一栋为美术楼，这强调了该校重点培养音乐生和美术生的特色。学校综合楼前摆放了几位音乐家和美术家的塑像，学校教学楼底层墙面的两侧装饰了著名音乐家和美术家的浮雕。笔者在学校工会主席的带领下，有幸参观了该校的书画苑。书画苑外观精美，里面布置简单，墙壁上挂满了由学校教师和学生创作的优秀作品。以书画苑建筑为代表的学校

所有建筑都简约大方，体现了学校物质文化建设的两个重要原则：根据实际注重节约和注重内涵形成文化。A 中学的校园建设力求让学校的花草树木都会说话，每一面墙壁都会说话。我们可以看见结合岭南特色建成的学校围墙，在学校围墙上面有许多岭南著名音乐家和美术家的图片及个人介绍。在学校综合楼及教学楼的楼梯处，可见挂在墙上的美术作品。学校的建筑风格有机融合了学校办学特色与当地文化特色，具有很强的艺术性，从而营造出一种具有美育特色的校园氛围（师生对学校基础设施的满意情况见表 4－6）。

表 4－6　　对学校基础设施的满意情况　　（人数，%）

群体	很满意	满意	一般	不满意	很不满意
教师	32（64）	17（34）	1（2）	0（0）	0（0）
学生	69（30.80）	95（42.41）	50（22.32）	7（3.13）	3（1.34）

从表 4－6 可以看出，大部分教师对学校的基础设施都很满意，教师能够较好地开展教学工作。73.21% 的被试学生对学校的教室、图书馆、运动场等基础设施比较满意，认为 A 中学是一个学习的好地方。

三　人文景观漂亮精致，突出了学校以艺术教育为特色的办学理念

走在 A 中学的校园里，随处可以发现一些具有新意、富有特色的人文景观。学校正门左边有一栋畅想楼，畅想楼正面有一幅画，画上写了“厚德”“博艺”“真诚”“求知”八个字。Z 校长说，她想把这八个字作为学校新的校训以代替“爱”“勤”“严”“美”的老校训。每天学生进出校门都可以看见这幅画及画上的字，她希望通过这种潜移默化的方式来转变学校的培养理念。这种融会了校训的人文景观能在思想品德、审美情趣、环境意识、行为方式等方面教育与熏陶学生，比课堂上的说教更能达到好的教育效果。学校的人文景观整体规

划十分合理，不仅外观美丽，而且蕴含了丰富的精神理念与艺术气息，整体呈现与传达了学校以艺术为办学特色的理念，让学生能够更为直观地感受学校的办学理念，人文景观的美感与美育的作用发挥得淋漓尽致（师生对学校人文景观、艺术气息的满意情况见表 4 －7）。

表 4 －7　**师生对学校人文景观、艺术气息的满意情况**　（人数,%）

群体	很满意	满意	一般	不满意	很不满意
教师	36（72）	13（26）	0（0）	1（2）	0（0）
学生	69（30.80）	84（37.5）	57（25.45）	11（4.91）	3（1.34）

从表 4 －7 可以看出，仅有 2% 的教师和 6.25% 的学生对学校的人文景观和艺术气息不满意，大部分的教师和学生都很喜欢学校的人文景观，包括名人雕塑、学校标志性建筑，等等，并认为学校的人文景观能体现一种积极向上的精神，营造出一种良好的工作和学习氛围。由此可见，A 中学的人文景观及其体现的物质文化建设较为成功，达到了陶冶人和渲染艺术气息的效果。

访谈资料五

笔者第二次去 A 中学取问卷时，到办公室找 Y 老师，她说很想了解问卷调查的基本统计分析结果。她在 A 中学工作十年了，去年一年的变化比她之前九年在这里看到的变化都大。她说，现在的校园比以前漂亮多了，教室里配备了各种辅助教学的多媒体设备，每位教师都有一台新的电脑，现在的条件比以前好多了。

访谈资料六

笔者：我来你们学校做调查，想了解你们学校文化建设情况。你们觉得你们的学校文化怎么样啊?

A 同学：我们学校发生了很大的变化，前面的综合楼是新建的，这个操场也翻新了，我们学校很干净，很漂亮。

B同学：我很喜欢我们学校的音乐厅，我们经常可以去里面看演出，学校会请一些有名的专家来给我们开讲座，还有一些我们学校毕业的同学，给我们表演。他们还会告诉我们如何在高考中取得好的成绩。学校很重视我们的发展。

第三节　学校制度文化变革的成效

制度文化主要包括学校的规章制度及其体现出来的文化精神和伦理意蕴，它联系着学校的物质文化和精神文化，是整个学校规范运转的基础和框架。学校制度文化的建设是一个漫长而艰难的过程。学校制度文化的建设首先体现为学校相关制度的制定，一方面，学校应该制定完备的制度并严格执行，这样才能规范和约束师生的行为；另一方面，学校所制定的规章制度又必须蕴含伦理精神和学校的理念文化，确保师生能够自觉遵守学校的规章制度。通过对A中学制度及制度文化变革过程的观察可以发现，虽然学校的制度文化变革基本遵循了这两个思路，但体现出来的依然是制度更着重于规范与约束师生的行为，因此不论是教师还是学生，对学校的制度文化的评价都相对不高。但整体而言，A中学的制度文化变革依然取得了较大的成效，只不过还需要进一步的反思和完善，从而建立更具伦理精神的制度文化。具体而言，学校制度文化的建设成效主要体现在以下3个方面。

一　学校组织机构与规章制度逐渐完善

完善的学校组织机构与规章制度是学校有效运行的前提和基础，A中学在改造的过程中逐渐形成了较为合理的组织结构——组织结构相对扁平化，各职能部门能充分发挥各自的作用，推动学校的发展。学校管理者通过共同协商、集体决策的方式制订学校的发展目标与计划，并积极采取有效行动。更为重要的是，为保障组织机构的有效运转，学校在短时间内不断完善学校的规章制度，极为有效地加强了学校的制度建设，包括制定《A中学制度汇编》《教职工评优评先方案》《学生宿舍管理制度》《学生请假制度》《门卫值班制度》等。作为保障学校组织机构有效运行与约束师生行为的规定，学校制度规范了师生员工的个人行为，同时也维护了师生的共同利益，使学校的运转顺畅。总之，笔者长期观察后发现，A 中学逐渐形成了较为完善的组织机构与相应的规章制度，对学校的发展起了重要的推动作用。但与此同时，笔者也发现了一些问题，例如，由于学校教师数量不多，许多教师被同时分配到不同的部门，一方面导致教师的行政任务过重，另一方面导致“双重领导，多重制度”的情况出现，使得教师在某些场合无所适从。在访谈中有位教师说：“我既要负责学科的教研活动，同时又要负责学生的宿舍管理，还是学生德育工作的负责人之一，这让我感觉到任务很重，因为每个领导小组的人员都不多，许多时候需要亲力亲为。”因此，在不断完善学校组织机构和制度的同时，A 中学的变革更应精简职能部门，把职能重合的部门进行合并，并将具体任务明确地分配到每一个人身上，力求责任到人，推动学校更好的发展。

二　学校制度基本得到全校师生的普遍认可

学校制度是学校正常运转的重要保障，学校制度在制定、执行的过程中所体现的制度文化对学校发展有着重要的影响。A 中学师生对学校制度的认可，是学校制度文化建设的基础，也是检验学校制度文化成效的重要依据。本书通过问卷了解教师对学校规章制度及其执行的认可情况，发现学校制度得到了广大教师的认同，教师们愿意遵守学校的规章制度（教师对学校规章制度及其执行的认可情况见表 4－8）。

表 4－8　**教师对学校规章制度及其执行的认可情况**　（人数，%）

题项	很满意	满意	一般	不满意	很不满意
对规章制度的认可	26（52）	20（40）	4（8）	0（0）	0（0）
对规章制度执行情况的认可	28（56）	16（32）	6（12）	0（0）	0（0）

调查问卷统计结果显示，在对学校规章制度的认可方面，52%的教师很满意学校的制度，对学校规章制度的执行情况，教师们也都较为满意，认为学校制定的规章制度大部分都能很好地被执行，没有教师不认可学校的规章制度。在调查学校制度是否会对学生学习产生重要影响时，超过半数的学生认为学校制度能对学生的学习产生重要且正面的影响，学生希望学校多一些相关的制度来规范和约束学生的日常生活和学习。

然而，不论是学校的教师管理制度还是学生管理制度，都更多地体现的是制度约束师生行为的一面，这样严厉的制度突然出现在一所薄弱学校之中，很难让师生从心底完全接受，甚至会让他们产生抵触情绪，与此同时，管理层严格地执行规章制度会让师生产生恐惧和焦虑的心理压力，这样的制度建设对于一所薄弱学校而言，进展过快，但这也是管理者不得不采用的有效方式。随着制度文化建设的推进，学校师生会逐渐习惯和适应学校的各项制度，从行为上遵守和从心理上接受学校制度。学校的管理者在后期的制度文化建设过程中应该投入更多的关怀和伦理精神，让制度散发出一种软性的约束力，全面提升学校制度文化建设的境界与水平。

三　学校制度在制定与执行的过程中逐渐孕育出制度文化

制度是文化的重要组成部分，它本身就体现了一种文化。但是并不是说学校制度只要制定出来，学校的制度文化就立马形成了。许多时候，学校制度文化孕育于制度在制定与执行的具体过程中。假如，一所学校的制度制定出来后并没有得到执行，而是被束之高阁，便不会产生相应的制度文化。具体而言，学校制度文化的形成首先来自于学校领导及管理者对学校制度的制定，制定过程中采用的方式会影响学校的制度文化。例如，学校制度通过集体协商的方式形成便会产生一种民主的制度文化，如果学校制度完全由领导者个人决定，便会产生一种专制的制度文化，而更为重要的是，学校制度文化还形成于制度的执行过程中，表现为师生对学校制度的态度与认可情况。通过笔者的调查和访谈可知，A 中学的制度在制定与执行的过程中逐渐孕育出了和谐、有序的制度文化，具体见访谈资料七。

访谈资料七

学校工会主席 Y 老师：以前我们学校的许多工作都是口头传达，所以工作效率很低。现在很多工作都以文本制度的形式记录下来了，我们都必须严格遵守，否则会受到惩罚。一开始很多教师是不习惯的，但是校长发动教师一起讨论，制定学校的各项制度，在这个过程中，我发现教师的积极性提高了，教师之间交流多了，也更加团结了。我们都愿意遵守我们共同制定的制度，但是有些制度还是需要强制执行。

从访谈资料七可知，在学校范围内已经逐步形成了一种制度文化，无论是管理者还是一线的教师，开展相应的工作都会有意识地去寻找制度的支撑，也逐渐习惯按照学校的规章制度来办事，而不是像以前一样完全根据个人的经验或者口头上的命令办事。虽然学校的制度建设以及制度文化建设仍然存在较大的改善空间，但相比以前，进步非常明显。更为重要的是，学校管理者会通过民主的方式来制定学校的规章制度，学校师生也会认真执行和遵守学校的规章制度，这在全校范围内形成了很好的制度文化氛围，确保学校向着更规范、更有序的方向发展。

第四节　学校行为文化变革的成效

一　学生行为举止得体，很懂礼貌

学生不是学校的匆匆过客，他们是学校的主人，也是学校文化变革的重要参与者与推动者。学校文化变革的成效，尤其是行为文化建设所取得的效果也能通过学生的行为得到体现。学生行为文化主要是指学生群体在学习互动中所表现出来的特有的价值观念、思维习惯、行为方式等，其核心是学生的价值观①。学生行为文化主要通过学生的具体行为展现出来。笔者第一次去学校做访谈时，看见几名学生坐在操场上休息，便走过去和他们交谈。在交谈的过程中，笔者发现学生们很真实地回答问题，表达他们对学校的看法及介绍在学校的学习和生活情况。当笔者问他们喜不喜欢穿校服时，他们竟然一致地回答说喜欢。他们说："在校统一穿校服是学校的规定，便于学校对学生进行管理，我们穿上了校服会不自觉地表现得更好。"二十分钟之后，他们要去上体育课，结束访谈的时候，他们以学校主人的身份表达了欢迎之情。和这几名学生交流之后，笔者深刻地感受到了学校文化对他们行为的引导与规范作用。

访谈资料八

笔者：校长办公室在哪里呢？你们认识校长吗？

C同学：认识啊，怎么可能不认识校长呢。我们经常可以在校园内见到校长，校长特别好，会跟我们打招呼。校长还带我们跑过步呢，我们学校的老师也特别好，会给我们讲很多的故事。

D同学：我们的校长是新来的，但是她来了之后，我们学校发生了很多的变化，我们有了新的校徽，进出校门要登记。我们班上课睡觉的同学也少了，大家都很有礼貌，都希望在这里努力学习，增长知识和才能。

笔者在学校的调查与访谈过程中，能够感受到该校学生行为的变化。这种行为的变化主要受学校发展及变革的影响。在学校文化的变革过程中，学生们自我认识逐渐从"我是差学校的学生"转变为"我是学校的主人"，这种转变，让他们感觉到自己的行为不仅与自己相关，而且与班集体、学校的整体荣誉密切相关。可以说，在学校文化的变革过程中，学生们的行为也相应发生了积极而重要的改变。

① 郭雯：《浅谈学生文化》，《科教导刊》2010年第13期。

二　教师团结互助，共享教学经验

通过对教师间关系的调查，笔者发现教师之间的关系还是比较好的，教师们会经常在一起交流教学经验，不管谁在教学上遇到困难，同事都会积极给予帮助（见表4－9）。

表4－9　**教师间关系的情况**　（人数，%）

题项	经常	较多	一般	偶尔	很少
教师心得交流	34（68）	11（22）	5（10）	0（0）	0（0）
有教学问题，同事会积极帮助	37（74）	9（18）	4（8）	0（0）	0（0）

从回收问卷提供的信息可知，教师们会经常在一起进行教学心得体会的交流与分享，同时积极互助，帮助有困难的教师解决问题，教师之间的人际关系较为融洽，大家相处愉快。几乎没有老师不与其他同事进行交流。教师之间的团结合作对于学校的发展起着十分关键的作用。教师之间的合作，能有效提升教师的专业水平和教学水平，同时还能促进学生提高学业成绩。通过学校文化的变革，A中学教师的行为逐渐从“单干式”向“团队式”转变，这对于一所学校而言具有重要意义。A中学的教师会定期聚集在一起进行教学研讨活动，学校还会邀请名家进校帮助教师提升教学水平。教师们在集体活动中形成了合作的团队文化和团队精神。例如，当有教师要参加校外的教学比赛时，教研组的教师会一起帮助他提高教学水平。而这种现象以前在A中学是难以想象的，这种共同分享教学经验的团结合作让教师们获得了很大的进步。教研团队文化又对教研活动发挥着引领的作用，让团队共享、团队合作的教研活动成为教师自我意识指导下自发的活动，教师团队内部的创造性得到有效激发，生成更为丰富的教学资源。这种教师团队行为文化的建设会带动学校制度文化的变革。例如，学校对教师绩效的评价制度逐渐由原来的针对个体进行评价，转变为对教师团队进行评价，这种团队评价方式成为推动教研组更加紧

密协作的重要力量。学校的校本教研模式也在制度文化和行为文化得到改变的基础上，使得教师个体与教师个体、教师个体与教师群体、教师群体与学校之间的互动增加。在A中学，笔者还发现，教师们不仅在学科内进行教学合作，定期举办教学团队活动，还开展了跨学科、跨学校的研讨活动。教师们以公开课或科研项目为载体，自发组成项目团队，一起针对任务和目标进行研讨，制定相应的行动方案。学校层面也非常支持这种学科之间和学校之间的交流活动。

三　管理者遵循以人为本的原则和管理为教学服务的理念

以人为本是文化管理的本质与追求，尤其对于中小学校而言，学校管理工作的核心是人而不是物，只有把人放在首要的位置，才能激发学校发展的动力。A中学的管理者在学校转型与文化变革的过程中，确立了以人为本的管理原则，在具体的管理活动和行为中，能够做到以教师和学生为本，关心和帮助师生成长，尊重广大师生，发挥教师的优势和特长，激发他们不断自我发展。例如，学校管理者善于鼓励每一位教师发挥他们的特长，帮助他们在合适的岗位上为学校的发展以及个人的成长努力。这种以人为本的管理原则，让师生由接受管理转为主动参与学校的各项管理活动，参与学校变革的各项活动，促进学校的可持续发展。这也是A中学能够走出薄弱困境，实现转型发展的重要动力。

与此同时，A中学在文化变革过程中，校长及其他管理者充分认识到学校最重要的任务是教学，其管理行为要为学校教师的教学服务。管理者所共享的这种行为文化对于教师教学质量的提升发挥着重要作用。众所周知，教学工作是学校的核心工作，学校的一切工作都应围绕着教师的教学与学生的学习来展开。但在我国的中小学校中，存在不少管理干涉教学、管理权力大于一切的行为，严重阻碍了教师教学和学校发展。A中学的管理者充分尊重教师的教学自主权，不仅不干涉教师的课堂教学行为，还积极为教师的教学提供一切保障。

第五节 学校精神文化变革的成效

精神文化是学校文化的核心内容，也是学校文化建设的最高境界。学校文化建设的最高追求就是形成适合学校发展的精神文化，通过精神文化来引领全校师生团结一致，为实现学校的愿景与目标而努力奋斗。结合A中学学校文化变革的实际情况，本节主要从学校的办学理念、教学理念以及德育理念等方面来展示学校精神文化变革所取得的成绩。

一 逐步形成了"立美育人，成就师生"的办学理念

Z校长在学校改造与文化变革的过程中，首先通过了解学校历史档案、实地调研和召集教师开会等方式对A中学的历史、现状有了准确的把握，然后结合学校的历史与现状，就学校未来的发展目标与教师进行充分交流与讨论，大致确定学校未来发展的方向，最后凭借多年的管理经验，将自己的管理理念与学校的实际发展相结合，提出了"立美育人，成就师生"的办学理念，为师生的成长、成才服务。在这个办学理念的指引下，学校拓宽了师资培训的渠道和方式，举办专家讲座、研讨会，外派教师参加学术研讨会、经验交流会，组织学科带头人、备课组长、教师参加省内外各种课堂教学研讨会、高峰论坛，开展师徒结对、课堂教学比赛等活动，全力培养一支骨干教师队伍，以带动和促进教师团队的专业发展。教师撰写的教育教学论文获奖或发表的有125篇，教师参加各类竞赛获市以上奖项的有20人次，教师辅导学生参赛获市级以上奖项的有61人次：其中省级以上32人次，市级29人次。另外，A中学还在白云区中小学生田径运动会中荣获高中组团体总分第五名，教师合唱团参加白云区首届教师合唱比赛荣获第一名，等等。

秋风飒爽，艳阳高照。10月18日，A中学在操场上隆重、

庄严地举行广州市宣誓日嘉禾街A中学会场成人宣誓仪式。仪式主要包括升旗仪式、成人学生过“成人责任门”、构造“十八岁”图案、成人学生宣誓、青春献词、颁发“青春护照”、学生向父母赠送礼物、家长代表讲话等。

成人学生在家长、班主任的带领下迈进“成人责任门”，自信、从容地走向18岁，一起迈向世界。120名成人学生在操场中间排成“十八岁”图案，通过图案的构建，让学生进一步体会汉字的结构美和“十八岁”的寓意美。通过德育活动的载体艺术化的路径，践行“立美育人”的办学理念。成人学生面向国旗庄严宣誓，在嘉禾街领导及学校领导、老师、家长面前郑重承诺，要用实际行动为建设社会主义现代化强国，为中华民族的伟大复兴奉献自己的青春力量。

2012年底，A中学在区政府、区教育局的大力支持下，历经多年的努力，获得了市一级学校评估专家组的高度肯定，顺利通过市一级学校评估，这是学校发展史上的又一里程碑。在新春音乐会期间，A中学特别举行了简单而又隆重的揭牌仪式，这标志着A中学从此站在了优质学校的行列，能够为广大学子提供更好的教育教学服务。在音乐会期间，还举行了“星海音乐学院流行音乐培养基地”的授牌仪式，这是继华南理工大学、广东电视爱乐乐团等大学和专业团体，第七所高等院校在该校挂牌建立培养基地，势必为艺术生提供高层次的专业培养，提供更为多元的服务和指引，为艺术生的成长奠定更为坚实的基础。教育局领导对A中学取得的成就给予了高度的肯定，号召其他学校向A中学学习，锐意进取，进行学校改革，促进学校发展。

二　进一步明确了“成功导学，能动参与，教学相长”的教学理念

Z校长根据A中学学生文化基础薄弱，学校高考成绩较差的现实

情况，与广大教师一起进行探讨，把“成功导学，能动参与，教学相长”作为学校的教学理念，逐步推进课堂教学改革，由教师对学生进行认真指导，组织与发动学生一起参与课堂讨论，使教学过程变为一个师生相互学习、相互进步的过程。这个理念实施半年后，在2012年的高考中取得了初步成效。在喜讯的激励下，A中学进一步明确“成功导学，能动参与，教学相长”的教学理念，广大教师在课堂中依据该理念的指引，不断完善与丰富自己的教学方式，努力提高学生的学习成绩（见表4－10）。

表4－10　　2012年A中学高考情况　　（人，%）

报考人数	一本		二本A		二本B以上		专A以上		专B以上	
	上线	上线率	上线	上线率	上线	上线率	上线	上线率	上线	上线率
285	2	0.7	14	4.9	24	8.4	86	30.2	119	41.8

访谈资料九

A同学：我们学校给了我们很多表现的机会，教室门口的班徽、教室后面的黑板报，都是我们班同学自己设计的。学校的校徽、各种雕塑是校长发动全校师生共同参与、共同设计出来的。老师让我们多多发挥自己的兴趣爱好，我们的小制作、自己拍的照片，有时连我们的作业都被放在教室里面展览，每次看到自己的东西被摆上去，觉得自己正受到别人的关注，心情特别好。通过这些活动和成果的展示，我越来越喜欢学校和班级的文化，我乐于参与到学校的各项活动中去。

访谈资料十

笔者看到校长带领一组人参观A中学的校史馆，校长说，这6位参观者是她以前任教学校的学生，他们对艺术比较感兴趣，想来A中学读高中，所以在H老师的带领下来到A中学参观，了解该中学的具体情况。参观中，他们说A中学的建设很有艺术特色，挺希望以后能考入这里来进行高中阶段的学习。

随着这种教学理念的逐步推进，学校高考成绩逐年提升。Z 校长在一篇报道文章中提道：“在艺术特色办学和特色课程建设的发展中，学校教学质量快速提升。让 A 中学教师颇感欣慰的是，最后一组生源组的学生，也可以梦想成真，考上诸如解放军艺术学院、华南理工大学、华南师范大学等重点大学、一般本科或大专院校，实现‘低进高出’的育人效果。近年来，学校艺术生高考录取率超过 96%，全校高考本科率接近 35%。学生 3 年的学习收获远远超过了家长、学生的预期。学校连续 6 年荣获广州市高中毕业班工作二等奖，排名逐年上升。2016 年的艺术高考成绩再创学校历史新高。”2016 年高考，A 中学再创佳绩——参加高考 210 人，重点上线 14 人，本科上线 86 人，专 A 上线 138 人，专 B 上线 180 人。各线完成市预测指标均超 300%，重点上线 14 人，完成市预测指标达 1400%；本科上线 86 人，完成市预测指标达 452.63%；专科 A 上线 138 人，完成市预测指标达 306.67%。值得一提的是，其中有两位同学双线达到了中国美术学院和中央美术学院的分数线，一位高考文化成绩超过了重点分数线 149 分，另一位高考文化成绩超过了重点分数线 95 分，这一成绩对于一所广州市生源六组的学校来说，确实是创造了“低进高出”的教育奇迹。

2013 年 4 月 28 日上午，广州市白云区课堂教学改革评估团一行 7 人，在罗组长的带领下，到 A 中学进行课堂教学改革试点学校评估。评估团通过听取校长的工作汇报、推门听课、查阅资料、师生问卷调查、家长访谈、师生座谈会、参观校园校貌等途径，对学校的课堂教学改革进行深入了解，且给予了及时的反馈，指出：办学理念，引领学校发展；成功导学模式切合学生实际；老师对学校课改模式认识充分；学生、家长对课改问题回答简洁、对课改了解，课改深入人心；课改呈现四大板块，有一定的科学性。同时对下一阶段的课改工作提出了指导性意见。相信，在教育局的正确领导下，在教育发展中心的专家团队支持下，“生态课堂、幸福教育”的课改追求在A中学会不断得到落实。

三　逐步确立了“以艺促德，以德促艺”的德育理念

经过长期的文化变革，学校在德育方面逐渐形成了“以艺育德，以德促艺”的德育理念。学校通过构建“五线”德育管理体系，健全德育网络，实行全员育人。同时，以多种文化艺术活动为载体，陶冶性情，培养学生积极向上的人生观，如举办校园新春音乐会、艺术节等；开展文明校园建设活动，举办以“批评讽刺校园或校外不文明行为”为主题的漫画比赛、以“发现弘扬校园或校外文明行为”为主题的摄影比赛。学校希望学生能够在活动中感受，在活动中学习，在活动中发展。A中学以规范教育和良好行为习惯养成为目的，通过各项评比工作，落实常规要求，进一步完善班级的常规管理，规范学生行为，提升学生素质。对心理健康教育长抓不懈，组建了教师心理辅导志愿队，广泛开展心理健康知识宣传和心理辅导工作。同时，A中学先后以广州教育学会“十一五”规划立项课题“艺术特色教育在薄弱高中的德育实效性研究”和广州市中小学德育研究“十二五”规划课题“艺术特色高中年级组管理策略研究”为载体，开展德育科研。近年来，学校德育工作彰显艺术特色，充分发挥每个人的积极性，广泛开展各项活动，牢牢把握教育时机，真正做到了人人参与，处处开展，时时进行，形成了“人人重德育，处处有德育”的良好德育氛围。

学校德育案例——激情篮球 德育之桥

记得上师范大学时看过一部日本电影，片名不记得了，但片中老师在球馆和学生谈心的场景至今记忆犹新：老师一边给学生喂球上篮，一边和问题学生谈心。当时我想，篮球是很好的一张

德育名片啊，工作了我要用上这招。

毕业后分到广州，走在大街小巷，看到满街都是黎兵等足球球星的广告，深感于足球在南国的巨大市场。单位是一所市郊中学，放学后，足球场人声鼎沸，而篮球场门可罗雀。我的篮球教育梦大受挫折。不管怎样，我开始拉同事打篮球，男的不够，女的凑。打听到老同事中有很多人以前篮球打得很棒，决定挑战他们一次。在我们的鼓动下，前辈们接受了挑战，大家打了两场篮球。他们的体力虽然不支，但昔日精湛的球技仍可窥豹一斑。在老师的带动下，学生中慢慢有人开始打篮球了，在我们的组织下，逐渐也能像模像样地打比赛了。

后来，年轻老师愈来愈多，我们的球队基本成型。在校领导的支持下，经常邀请兄弟学校球队来校交流。学生的篮球水平也愈来愈高。每年的秋季，新生军训时，我们都要组织与教官的篮球比赛。教官们打球勇猛无比，我们则以柔克刚，我们惊叹他们的体力之好，他们慨叹于老师们的精妙配合。新生刚来学校，就接受了一堂生动活泼的篮球德育课。随着美国职业篮球联赛（NBA）和中国职业篮球联赛（CBA）的火爆，学生的球技进步更快，艺术节上，学生甚至将花样篮球表演搬到了舞台上，表演出了精彩的节目。校园里，许多学生的成长也与篮球有关。

阿健是一名身体有残疾的学生——左手因小儿麻痹症，比右手短，而且活动能力有限。刚上高中时，他夏天从不穿短袖衣服，显得非常自卑。后来，在学校浓郁的篮球氛围感染下，他也爱上了篮球，如今，他单手投球非常准。篮球让他变得开朗大方，上美术课都自如地上台给学生当模特。阿豪是我班的体育生。虽然体育成绩不错，但在文化学习上比较马虎，作文常常不交。后来，我发现他下课经常和同学打篮球、谈篮球，便鼓励他用 NBA 球星的故事作素材写作文，慢慢地他能自觉完成作文了。在一些大考中，他的作文分经常能超过 40 分，他的语文成绩突飞猛进。我常拿《篮球先锋报》球迷写的球评作范文辅导他写作文，并鼓励他写。当得知我的笔名后，他说，其实他上初一就开始看这份报纸，没想到以前熟悉的名字就是现在的老师。岁月神偷，大学毕业近二十年了，当初那个以球育人的梦，以一种不曾料想的方式圆了。

第五章　薄弱学校文化变革的理性思考

从2012年开始进行薄弱学校转型与学校文化变革以来，A中学已经走过了6年的风雨历程。这6年的变革之路可谓荆棘密布，充满了挫折与困难，在Z校长的带领下，A中学全校师生团结一致、齐心协力地克服了学校变革中遇到的困难与挑战，终于使学校摆脱了薄弱的状况，形成了具有艺术办学特色的学校，实现了薄弱学校的转型发展。如今，学校还是原来那么大的面积，教师依然是以前的那批教师，管理者的职位与所拥有的权力依旧没有太大的改变，但是学校的整体环境与风貌、学校的教育教学质量以及学校的社会声誉已经发生了巨大的改变。通过这6年的变革历程，A中学由原来的薄弱学校一跃成为市一级特色学校，由差生“混日子”的场所变为师生共同学习与成长的美好家园，由家长不想把孩子送进去的学校变为艺术特色与文化特色相结合的学校。A中学全体师生用实际行动证明了薄弱学校是完全可以成功改造的，其改造过程也充分地表明了学校文化对学校发展具有强大的推动作用。

笔者通过对A中学文化变革全过程的田野调查，通过对校长、教师以及学生的深入访谈，见证了A中学成功改造的真实历程，全面总结和分析了A中学文化变革所取得的成效。针对此项研究，结合个案成功改造的真实案例，我们需要进一步思考：薄弱学校文化变革应该如何有效进行？薄弱学校的改造是否存在一些共通之处？A中学的成功改造能为我们提供什么启示呢？虽然个案研究可能不具普遍意义，但是在不同的个案之间我们还是希冀找到相似之处，通过研究对其他个案提供启示与借鉴，这也能充分体现研究的价值与意义。因此，带着对以上问题的深入思考，本章尝试从政府、学校以及社会三个层面进一步理性分析薄弱学校改造的策略及其带给我们的启示，希望通过这种理性的思考与分析，能够为其他薄弱学校的发展提供可资借鉴的成功经验，推进我国义务教育均衡发展与教育公平伟大目标的实现，让更多的孩子能够享受到教育发展与教育公平的成果。

第一节　政府在薄弱学校的改造中应该有所作为

在我国，政府是义务教育的办学主体，是促进教育均衡发展的主要责任人。基础教育阶段薄弱学校的改造以及能否改造成功，在很大程度上和政府对学校的态度与行为密切相关。在促进基础教育均衡发展和推进薄弱学校的改造过程中，政府部门，尤其是教育行政部门具有举足轻重的地位和作用，应该充分发挥这种重要的推动作用。我国学者通过对上海市促进基础教育均衡化发展的七种模式进行分析后认为，“在介入教育均衡化发展的整个过程中，政府是绝对的主导者，肩负着教育均衡化政策的出台与制定、组织、推进、评估等职责，并扮演着发起者、设计者、监督人以及政策制定者等七个角色”。[①] 由此可知，政府部门在薄弱学校的改造中发挥着积极作用，政府部门的正确领导和大力支持是薄弱学校成功改造的重要保障。结合个案学校改造的真实案例，本节将从以下方面具体阐述政府在薄弱学校改造过程中应如何发挥作用，有所作为。

一　树立改造薄弱学校的意识，努力办好每一所学校

在我国，基础教育的均衡发展问题应该引起政府部门的高度关

① 蒋洁蕾、李爱铭：《上海促进基础教育均衡化发展模式分析——兼论“政府、学校、社会”三者关系》，《基础教育》2015 年第 4 期。

注。大力地促进教育均衡化发展，实现教育权利平等和教育机会的均等，充分关注社会弱势群体的受教育权利，尽可能缩小学校教育水平在城乡区域和学校之间的差异，为每一位学生提供良好的教育资源和服务，应该成为各教育行政部门制定教育政策的价值取向。长期以来，各级政府、教育行政部门的义务教育均衡发展理念缺失，政府及其职能部门对辖区教育发展的关心和支持不到位，造成教育资源投入机制不合理，从而客观上导致薄弱学校的产生。为此，我国各级政府部门应该积极树立改造薄弱学校的意识，坚定薄弱学校改造的信念，把促进所辖地区薄弱学校的改造提上议事日程，为薄弱学校提供教育经费和教育政策的支持，真正为薄弱学校的改造发挥应有的作用。A中学在改造的过程中，多次得到上级领导的支持与鼓励。正是领导的重视与支持，才让A中学全体师生有了更多的信心，齐心协力，共同促进学校改造与发展。

2012年12月25日上午，区教育局局长、副局长在办公室、基建办两个部门负责人的陪同下，莅临A中学，对即将参与市一级学校迎评的各项工作进行了解、检查和指导。局长一行分别巡视了学校新建的艺术广场、校史馆、综合大楼、书画苑等，对学校的整体变化给予了高度的赞赏，指出整个校园布局合理、流畅，变化大，给人震撼的感觉；艺术广场、校史馆等都是新亮点，艺术特色已显雏形。

2013年3月5日上午，区委宣传部副部长一行来到A中学进行工作指导，通过听取Z校长对学校情况的介绍，观看学校多媒体资料，参观学校校史馆、书画苑和走进美术课堂等形式，全面了解学校的办学理念和办学成绩，对学校的办学思路、管理水平和所取得的成绩作出了充分肯定，并对下一阶段学校的发展提出了宝贵的意见。（来自学校新闻报道）

A中学启动薄弱学校改造计划以来，教育行政部门相关领导一直给予关注和支持，鼓励 A 中学努力实现学校的改造，并通过参观校园、召开座谈会等实际行动帮助和支持学校的发展。

首先，政府部门应该强化改造薄弱学校的意识。薄弱学校的广泛存在严重影响我国教育公平目标的实现。目前我国中小学校实行就近入学政策，这对许多家庭和孩子都是极为不公平的，也容易导致社会的不稳定，影响政府部门在公众心中的形象与声誉。因此，教育行政部门的工作人员应该充分认识到改造薄弱学校的重要性，真正重视薄弱学校的改造问题，成立专门的部门系统地、有步骤地启动薄弱学校改造计划，成为薄弱学校改造的发起者和推动者，为薄弱学校及其改造提供政策、资金等全方位的支持，切实推动薄弱学校的改造。其次，政府部门应该坚定改造薄弱学校的信念。薄弱学校的薄弱不是一天两天形成的，而是历史因素长期发展导致的，同理，薄弱学校的成功改造也不是一蹴而就的，而是一个充满曲折的艰难过程，政府在这个过程中需要长期发挥作用，鼓励与帮助薄弱学校找到阻碍学校发展的原因，并对症下药。在现实的改造过程中，我们会发现，有些薄弱学校确实问题太多，困难重重，一时不知从何下手，这时候政府部门应该坚定改造的信念，相信通过系统的、持续的努力一定能够让学校有所进步，有所发展。最后，在树立薄弱学校改造意识和坚定信念的基础上，还要正确认识自身的职责，切实推进薄弱学校的改造。作为薄弱学校改造的发起者、设计者和推动者，政府部门应深入学校现场，了解问题，积极支持与配合薄弱学校进行有效的改造，而不是高高在上地发布各种行政命令。教育公平的实质就是以政府为主导，对所辖范围内的教育资源进行优化配置，确保受教育群体的教育机会和权利得以实现，并享受大致相当水平的教育。政府与教育行政部门应当积极加强对薄弱学校的改造与建设，努力办好每一所学校，为每一位受教育者提供相对平等的教育条件，努力解决新时期我国教育存在的基本矛盾。

二 优化教育资源配置，为薄弱学校的改造提供支持

教育资源的合理配置是域内薄弱学校有效改造的重要保障。政府

部门一方面应该加大对薄弱学校的教育投入，积极推进薄弱学校办学条件标准化建设，从政策和投入等方面优化地区资源配置，为薄弱学校的改造提供支持。另一方面需要对区域内的资源进行合理分配，不能过分热衷于搞重点学校或窗口学校，将所有的优质资源都投入优质学校，而严重忽视对发展相对落后学校的教育资源投入，导致一些政策型薄弱学校出现。

加强对薄弱学校的教育经费投入，改善学校基本办学条件。从 A 中学改造的实践中，我们可以看出政府的资金和政策的支持是薄弱学校成功改造的重要条件。我们难以想象一所校舍破烂，又缺乏资金支持的薄弱学校能够进行成功改造。在 Z 校长任职之前，A 中学的物质基础条件特别差，一个很重要的原因就是得不到上级部门的拨款，资金缺乏。后来，区委区政府、区教育局领导多次深入学校调研，与 A 中学一起探寻学校的发展方向，并确立了创建市一级学校的目标，走特色发展的道路。这个目标一经确定，政府加大了对 A 中学的投入。上级部门共拨款 3182.3 万元建综合楼、学生宿舍和饭堂，改造塑胶运动场和部分场室，增添教学设施设备，美化校园环境，使学校场室完全符合市一级学校的要求。A 中学及时抓住创立市一级学校的契机，得到政府的政策及资金上的大力支持，加快转变与发展。办学条件的改善，为学校的快速发展奠定了坚实的基础。2012 年 12 月，A 中学成功通过了市一级学校的评估，实现了跨越式发展。

给予薄弱学校政策倾斜，提升薄弱学校办学质量。我国学者田茂通过对一所学校做质化研究，分析了该校在改进过程中遇到的有利和不利的政策环境，得出结论认为，目前地方政府的教育政策偏向优质学校是制约薄弱学校发展的主要因素。因此政府应当在政策方面给予薄弱学校政策倾斜，出台公平、合理的教育政策来促进薄弱学校的改造和义务教育均衡化发展。政策的倾斜主要体现在为薄弱学校选派优秀的领导班子和优秀的教师，即在人事制度上，给予配套优惠政策，全力加强薄弱学校的领导班子和师资队伍建设。首先，政府部门应为薄弱学校公开招聘有管理经验的名校长，让校长带领学校师生进行薄弱学校改造，并给予校长一定的升职机会。例如 Z 校长就是当地政府部门选派到 A 中学的。其次，当地政府部门应该鼓励优秀毕业生到薄弱学校任教，补充薄弱学校的教师队伍，提升教师队伍质量，并在教师职称评定方面给予优先考虑。

三 深入学校调研，切实指导薄弱学校进行改造

政府部门应该如何指导薄弱学校进行改造，应该给予薄弱学校怎样的政策支持和划拨多少教育经费等一系列现实的问题都需要进行深入思考和科学决策，而科学决策的前提是深入薄弱学校现场进行充分调研，了解薄弱学校的真实状况，听取薄弱学校师生的建议和诉求。笔者通过在学校的调研发现，区教育局等相关部门领导非常重视 A 中学的改造工作，多次深入学校进行调研和考察，对学校取得的成绩给予肯定，同时指出不足之处，并组织学校领导共同讨论学校未来发展的方向。负责薄弱学校改造的政府部门应该成立一个“改薄”小组，并明确规定小组成员的职能权限，将任务与责任分配到每一个人身上，确保相关人员能够积极落实改造薄弱学校的政策。这样才能切实指导和有效推进薄弱学校改造工程。

2013 年 7 月 3 日上午，广州市教育局局长在白云区教育局局长的陪同下，到 A 中学进行工作调研。一行人首先参观了校园及学校校史馆、书画苑、音乐厅、数码钢琴室等；随后，在会议室由 Z 校长代表学校从学校文化、特色的由来，目前的办学情况，展望学校的未来三方面作了简明、扼要的汇报；最后市教育局局长作了总结讲话，指出：A 中学在原有的基础上用心、用力去办学，办学特色有成效，办学成绩斐然。他同时指出：学校今后要继续发挥优势，把“岭南艺术特色课程”做好；在注重艺术特色课程开展的同时，要注意文化课的平衡；要充分发挥学校艺术特色，辐射学校所处社区，影响、带动周边发展。教育局领导的到来，是对 A 中学推进艺术特色建设的极大鼓励和支持，A 中学将

继续大力推进艺术特色的发展，加强艺术教育的规律研究，加强与同行、专家、领导的交流与学习，拓宽自身的视野，实践与研究并重，努力创出成果、创出品牌。

教育局领导一行对A中学进行新学期开学工作检查

为确保新学期教育教学工作平稳有序地展开，2014年2月12日下午，教育局副局长在基建办、信息装备中心、教育发展中心三个部门人员的陪同下，到A中学做新学期开学情况检查。Z校长代表学校汇报了新学期学生的出勤、上课、食堂食品安全、校园消防安全、门岗值班落实、高三备考和艺术科高考等情况。听取汇报后，副局长一行充分肯定了学校领导班子和全体教职员工在开学前期所做的准备工作以及开学高质、流畅的运作，使学校新学期出现了新气象。最后，副局长一行在学校行政人员的陪同下，冒着凛冽的寒风检查了校园的环境卫生、食堂、部分专用场室等重要部门的安全工作。

区教育局实地了解A中学非教学用地用水用电问题

2015年5月27日上午，白云区教育局基建办主任一行，在Z校长的陪同下来到位于尖彭路的非教学用地，实地了解非教学用地的水电使用状况和用电安全情况。在现场，Z校长简明扼要地介绍了非教学用地的历史和水电管理的复杂性。基建办主任听取了Z校长的意见，对A校在管理上遇到的困难表示理解，并表示会尽快研究解决方案。教育局对A中学校反映的棘手问题高度重视，Z校长代表学校表示由衷的感谢。（来自A中学的新闻报道）

薄弱学校的改造离不开当地政府部门的大力支持，政府部门不仅需要提供教育经费和教育政策的支持，还要深入学校现场进行实地调研。这种调研活动的开展能够帮助政府部门准确把握薄弱学校的情况，从而进行科学决策，同时对于薄弱学校的师生也具有重要的鼓舞作用，能使他们感受到政府领导对学校的重视和关心，这样他们会更加团结、更有信心地投入薄弱学校的改造，这为学校管理者进行变革减少了阻力。

第二节 薄弱学校自身应在改造中奋发有为

为了给薄弱学校的发展提供良好的外部环境，我国教育行政部门自20世纪90年代起，多次强调要不断加大对薄弱学校的投入力度。我国各级政府部门采取了一系列措施来促进薄弱学校的改造，为薄弱学校的改造提供了良好的外部支持，但现实中仍然存在诸多有待进一步改进的薄弱学校，主要是由于薄弱学校的改造除了需要来自政府与社会的外部支持外，更重要的是学校要发挥自身的主动性。薄弱学校的改造不仅需要政府的“输血”，更需要从内部增强“造血”功能，薄弱学校物质条件得到改善之后，更应该自力更生，不断提高学校的软实力。美国学者古德莱德（Goodlad，J. I.）认为，“改革在实质上是每个学校自己的事情，最有希望的改革方法就是寻求开发学校自身的能力来解决自己的问题，以成为基本上可以自我更新的学校”。关于学校改进的理论研究成果与学校改进的现实证据表明，学校的发展是内部力量和外部力量有效结合的产物。随着学校办学自主权的增大，发挥学校自身的力量来改进学校状况应成为学校全体师生的共识。通过对个案学校的实地研究，本节将从薄弱学校自身出发，重点阐述在改造的过程中学校应如何发挥自身的优势。

一 一位富有管理经验和改革勇气的校长是薄弱学校转变的核心

当代著名教育学者顾明远认为，“一所学校因为有一位好的校长而迅速崛起，也因一位庸庸之辈而日落千丈。校长之于学校，犹如灵魂之于躯体”。校长是一所学校的灵魂。尤其是对于处在变革中的学校而言，富有改革头脑和创新精神的校长对学校的发展起着关键，甚至是决定性的作用。例如，“在短短 20 年间，洋思初中能够从一个典型的薄弱学校成为今天中国的名校，解读这个神话般的变化，关键是洋思初中出了一位好校长，应该说蔡林森就是洋思初中由弱变强的导演，是洋思初中由弱变强的灵魂”。① 同样地，在见证了个案学校由弱变强的全过程后，笔者也深切地感受到了一个好校长对于学校变革和发展的重要价值和意义。可以毫不夸张地说，A 中学之所以能够改造成功，关键是有一位好校长，一位具有管理经验和改革精神的优秀校长。Z 校长的奉献精神与坚定的改薄信念，带领着全校师生共同实现了学校的成功改造。可以说，Z 校长是 A 中学成功改造的灵魂。从与 Z 校长的访谈中，笔者发现 A 校长是一个非常和蔼的人，作为 A 中学的校长，Z 校长在改薄的过程中展现了很多有助于改革的良好品质。

（一）具有强烈的改革意识和高度的进取精神

对于薄弱学校而言，变革与发展才是硬道理，一切因循守旧、不思进取的思想和行为都不可能让学校有所进步。在我国中小学中，有一些学校的校长办学思路不明确，缺乏质量意识、竞争意识，仅以维持代替管理；学校的规章制度落不到实处，“不求有功，但求无过”，只想学校平安无事，得过且过，不去想提高学校品位，失去创新意识和竞争意识；对提高学校教学质量信心不足，教学常规管理的力度不够，导致教育教学管理上出现纰漏。改变学校的薄弱面貌是严峻的现实，一个富有强烈改革意识和高度进取精神的校长才能产生强烈的责任感和使命感，顶住挫折和压力，真正带领全校师生不甘落后，发奋图强，才能给学校带来生机与活力。Z 校长在访谈中坦言，当初自己坚持要对 A 中学进行改造时，受到了来自学校管理者、教师及学生等各个方面的压力，面临各种困难。Z 校长说：“一些改革措施很难推行，因为其他人根本就不配合你，后来没有办法，我只能利用我的校

① 袁彩哲：《薄弱学校改造中的问题与发展对策研究——以江苏省泰兴市洋思初中为个案》，硕士学位论文，西南师范大学，2002 年。

长权力来强制实行，因为我不想放弃当初的承诺，我一定要尽最大的努力让 A 中学变得更好。”富有改革意识和进取精神的校长能够在面对来自外界的各种压力和困难的时候，依然坚持自己的改革信念，坚定自己的变革目标，带领师生让学校走出困境，克服改革过程中的艰难险阻。

（二）具有吃苦耐劳和艰苦奋斗的精神

薄弱学校的校长必须具有勇于吃苦的意识和乐于奋斗的奉献精神，才能全身心投入到改革的大业中去，才能知难而进，不断克服前进道路上难以想象的困难，改变学校贫弱的面貌。在学校变革的特殊时期，要实现学校的变革目标，需要校长率先垂范，发挥表率作用，甚至牺牲个人利益。Z 校长是一个很有牺牲精神的人，为了学校的发展，她可以牺牲自己的利益，把学校的整体利益放在首要的位置，让学校的发展与自身的利益紧密结合在一起。Z 校长说：“当我来到这个学校时，我就做好了扎根在这里的准备，为了该校师生的发展，我必须带头吃苦，不利用校长职位为自己谋私利。”在整个改造的过程中，Z 校长都始终保持着吃苦耐劳和艰苦奋斗的精神，也正是这种精神感动了 A 中学的全体师生，赢得了他们的尊敬和爱戴，也赢得了 A 中学最后的成功转变。

（三）具有团结合作的意识和宽容大度的品质

对于一所薄弱学校来说，最需要的是广大教职员工有良好的团队精神，众志成城，才能把改革向前推进。而这就特别需要校长有高度的凝聚力，有良好的团结意识和善于合作的精神，这样才能把全校教职员工凝聚成一个坚固的团体。当初教育局任命 Z 担任 A 中学校长，同时又让该校的前任校长担任党委书记，这本身就是对 Z 校长的一大考验，考验 Z 校长是否具有宽容大度的品质和团结合作的精神。Z 校长说：“我一方面要进行全面系统的改革，另一方面又要争取那些反对我的人的支持，这是非常困难的，那段时间真的是很痛苦，但这也确实磨炼了我宽容的品质，让我争取到了更多的合作者，在全校范围内营造出了一种积极团结、共同合作的组织氛围。”可以说，作为一名女校长，Z 的这种品质是非常难能可贵的，但也正是这种品质，才让 Z 校长在师生心目中有了更好的形象，才使得全校师生紧密地团结在一起，共同促进学校的改造与发展。

二　找准切入点是薄弱学校转变的转折点

对薄弱学校的实践调查发现，尽管薄弱学校的情况千差万别，但有一些特征却是相同的：在薄弱学校中，教师工作散漫，职业倦怠感严重；教师“各人自扫门前雪”，很少进行交流，更谈不上合作了；学校办学无目标，无方向，无特色；学校组织松散，管理制度不健全；学校领导得过且过，故步自封，缺乏开拓精神；学校整体士气低落，有一种“日暮黄昏”的感觉。这样一种文化氛围造成了薄弱学校在开放的生源和教育资源竞争中不堪一击。实际上，薄弱学校在很多情况下是被自己打败的。所以，从某种程度上说，薄弱学校缺少的就是这种能将学校内部力量凝聚起来，引导学校求真务实、开拓进取的文化品格。

Z 校长在认真分析了 A 中学存在的主要问题及面临的主要矛盾后，发现学校领导关系不和，有能力的教师纷纷外调，没有能力的教师走不了，只有留下来，能混且混，得过且过；整个教师队伍，没有什么团队的朝气；学生精神风貌差，不安心学习，没有集体荣誉感。针对这些困难，Z 校长经过认真思考后，逐步理出从建设学校文化来改变学校现状的思路。Z 校长按照修建学校建筑，美化校园环境；建章立制，依法治校；规范行为，提升内涵；重塑理念，文化兴校四个步骤对学校进行改造。事实证明，Z 校长的思路是正确的。文化对于学校发展的意义是极其深远的，学校文化决定着学校的凝聚力、创造力和竞争力。没有文化或缺乏文化的学校，必然是缺乏竞争力的学校，也必然在学校竞争中被淘汰。一所学校从普通学校到规范学校，到特色学校，再到品牌学校的过程，实际上也就是学校文化形成、发展和被社会认可的过程。

三　提高教师队伍素质是薄弱学校转变的关键

学校的发展不是校领导个人的事情，教师是一个十分重要的因素，学校中的教学管理、班级管理、学生管理等，都需要教师去组织、实施，他们也是学校教育教学活动的直接组织者、实施者。可以说，学校兴衰，系于教师，学校教学质量和水平的高低，直接取决于教师的专业发展水平和努力程度，取决于教师积极性和主观能动性的发挥。因此，建设一支专业知识丰富、教学水平高、富有创新意识和进取精神的教师队伍，是薄弱学校发展的一项重要内容。

以人为本是科学发展观的核心，它的基本内涵就是尊重人、理解人、相信人、依靠人。教育是育人的事业，教育的发展最需要以人为本。以人为本的教育就是要充分尊重广大师生的人格和尊严，充分理解广大师生合理的发展需求，充分信任和依靠广大师生的创造力。在薄弱学校的改造中，除了需要一位优秀的校长引领之外，还必须充分挖掘广大教师的潜能和积极性，让教师团结起来，投入到薄弱学校的变革之中。我们知道学校教育教学质量的高低，在很大程度上取决于教师的素质和能力。教师队伍的整体质量直接影响学生的学业成绩以及学校的办学质量。因此，对于薄弱学校而言，需要努力塑造出一支高素质的教师队伍。个案学校启动薄弱学校变革方案以来，通过招聘、区内调整等形式，不断壮大、优化艺术教师队伍，A 中学现有音乐教师 9 人，美术教师 6 人。A 中学注重艺术教师的专业培养，其中一位音乐老师成为广州市音乐教研会副会长；四位教师成为市、区学科中心组成员、理事。A 中学的艺术教师中有南粤优秀教师、广州市优秀教师、广州市百千万工程名教师培养对象、广州市优秀班主任等。近年来，学校拓宽了师资培训的渠道和方式，举办专家讲座、研讨会，外派教师参加学术研讨会、经验交流会，组织学科带头人、备课组组长、教师参加省内外各种课堂教学研讨会、高峰论坛，开展师徒结对，课堂教学比赛等活动，全力培养一支骨干教师队伍，以带动和促进教师团队的专业发展，着力提高学校的办学质量。高素质的教师团队及其负责人既能够有效推进校长颁布的各项学校改进计划与策略，还能鼓舞一线的教师全身心投入到学校的教学改革与发展变革之中，在全校范围内形成一股强大的合力，推进学校的发展。

四　发展学校特色是薄弱学校改造的突破口

学校特色是指学校在教育教学实践活动过程中逐渐形成的，明显优于其他方面或者优于其他学校的、具有一定影响力的、独特而稳定的品质。简单来说就是学校的长处和优点，学校能够做到“人无我有，人有我优”的地方就是学校的特色。薄弱学校的最大特点是学校全体师生或多或少都有“自卑感”，师生们长期在“薄弱”的学校氛围中逐渐形成认为自己各方面不如别人，即使努力也没有用，所以放弃改变的想法和行动，安于“薄弱”的现状。因此，寻找学校的特色，或者说学校的优势与长处，对于薄弱学校的全体师生而言，显得尤为重要。学校师生一旦发现自己某一方面比别人做得好，就能够极大地提高自信心，增加对学校的认同感和归属感，进而投入更多的时间和精力去发挥自身的特长。

A 中学在改造的过程中，Z 校长根据学校的实际，大胆地选择发展艺术作为学校办学特色的突破口。学校确立了走艺术教育特色之路后，始终将艺术教育工作摆在重要位置，成立以校长为组长的艺术教育领导小组，把艺术特色作为《校长五年任期目标责任制方案》的重点内容，列入学校五年工作规划，并制定了《A 中学创建白云区艺术高中发展规划》等重要文件，明确了艺术教育工作的目标、进程、措施，全面规划学校的艺术教育工作。如今，A 中学从一所薄弱学校转变成为一所具有艺术特色的学校，其成就得到了教育局领导的重要肯定。A 中学拟通过每年举办“新春音乐会”等一系列艺术展演活动，激发在校学生学习艺术的热情，提高师生对艺术的认识，践行“德育活动载体艺术化”的理念，展示学校艺术特色办学的阶段性教育成果，且以此为契机，着力提高学校的社会知名度，推动学校教育事业向更高层次全面协调发展。在教育局的正确领导下，在各兄弟学校的大力支持下，A 中学秉承“立美育人、成就师生”的办学理念，脚踏实地、开拓进取，把学校培育成为师生发展的沃土和成长的乐园，在创建品牌艺术特色高中的道路上前行。Z 校长说：“2013 年 1 月，学校达到广州市一级学校办学标准，同年，学校的‘岭南艺术’特色课程获得广州市特色课程重点立项；2014 年，学校成为广州市特色学校，走进了优质学校行列。以前无人问津的薄弱高中得到了学生、家长以及教育同行的高度认可，区教育局、市教育局领导都充分肯定了学校艺术特色办学成效。近年来，武汉、福建、中山、东莞等地以及广州市多所学校师生来校参观交流。学校的美术、音乐联考成绩在省、市内均具有一定的知名度。”正是由于学校找到了自己发展的特色，所以才能取得一系列的成就，增强了学生的自信心，提高了学校的社会声誉。

五 推进课堂教学改革是薄弱学校转变的保障

课堂教学质量是学校的生命线。在薄弱学校改造过程中，学校必须围绕全面提高课堂教学质量这个中心环节，不断优化课堂教学模式，提升课堂教学的效果。我们在调研中发现，虽然 A 中学的整体变革是从学校整体文化的视角来展开，但这个学校文化其实是蕴含了学校课程文化，包括学校课程的物质文化、制度文化以及理念文化等，其中关于课程理念文化是最核心的内容。

首先，A 中学以“成功导学，能动参与，教学相长”为教学理念，以实施《普通高中课程方案（实验）》为契机，坚定不移地推进课程教学改革，落实课改措施。在开足必修课程，开齐选修课程的基础上，开好地方课程和校本课程。其次，学校充实和丰富选修课程。目前，学校已自主开发了 20 册校本教材，成立各种兴趣小组和 22 个学生社团；保证学生每天有一个小时以上的内容丰富多彩、学生喜闻乐见的文体活动，有效缓解学生在学业上紧张与压抑的情绪，营造出轻松和谐的育人氛围。再次，A 中学还积极探索课堂教学改革的技术路径，通过课堂教学改革，帮助学生树立信心，激发学生获得成功的信念。A 中学的教师通过集体备课，编写导学案，控制教学难度来调动学生的学习积极性；通过教师上示范课，推广优秀教师的课堂教学经验，提高课堂教学的效果。最后，A 中学加强校本教研，广泛开展课题研究。学校制定了教学常规管理制度、课堂教学评价制度、校本教研工作制度等一系列规章制度，引导教师将教学中遇到的问题总结成小课题进行研究，不断提高教师研究和解决教学实际问题的能力。学校鼓励教师每天从教案入手，加强教学研究，认真撰写教学反思日记和教学札记，并上传到学校网站的文件夹，让全校教师进行交流与互动，共同促进教师专业成长。

在此基础上，A 中学还专门进行了“岭南艺术”特色课程的探索与实践，将学校文化的建设与学校课程的开发有机结合起来。“从学校层面说，建设‘岭南艺术’特色课程是学校创建特色学校的必由之路，是实践‘以文化立校，以特色育人’的重要手段。结合学校的办学理念，通过‘岭南艺术’特色课程的开设，逐步形成独特的、稳定的、持续的、社会认同的办学风格，办出成果、办出质量。从教师层面来说，通过‘岭南艺术’特色课程的建设，达到师生两代素质一起提升的目标，进一步培养和提升教师开发校本课程和建设特色课程的综合能力，形成教师团队共同建好特色课程，打造特色品牌高中的共同愿景，培育和传承学校的优良文化，实现文化立校。从学生层面说，‘岭南艺术’特色课程的建设，是通过该课程的学习，促进学生对本土文化的认识和热爱，促使学生主动全面深入地了解岭南艺术和岭南文化乃至中华文化，激发学生的学习兴趣；培养学生的审美能力、鉴赏能力、实践创作能力，提升学生的艺术素养。音乐、美术专修班的学生将通过三年特色课程学习，顺利考入艺术高等院校继续深造。”这种将薄弱学校改造、学校文化变革与课堂教学改革三者有机融合的方式对 A 中学的发展起到了重要的保障作用，让学校的教学质量得到了有效的提高。用 Z 校长的话来说就是：“艺术特色办学，特色课程建设，使我校教学质量得到快速的提升。第六生源组的学生也可以在这里梦想成真，考上华南理工大学、华南师范大学、华南农业大学、星海音乐学院、广州美术学院等重点大学或一般的本科、大专院校，实现‘低进高出’的教育效果。学生在学校三年学习的收获也远远超出了学生本人和家长的期待。学生参加区、市、省等的艺术竞赛活动，或者老师参赛，捷报频传，达到了师生共同成长的目标。这些成绩的获取，对于一些学校来说，可能微不足道，或层次不够高，但对于 A 中学这所学校的师生乃至家长来说，都是很好的鼓励，是我们努力进取的动力。”

第三节　社会在薄弱学校的改造中大有可为

学校是一个与外界环境有着千丝万缕联系的社会子系统，它要求每个学生都能够实现全方位的身心健康及和谐发展，而这一目标的实现，如果只依靠教师在学校对学生的教育是不够的，它需要承担教育学生主要任务的教师能够与家庭、社会三者紧密配合，做到“教师用心，家长关心，学生开心”的三赢局面，才能更好地提高学生的成绩，促进学校的改进。我国有学者指出，“对于办学条件差、底子薄，面临生存困境的薄弱学校，借助外部力量的帮助来完成教学任务和管理目标，满足组织的生存和发展需求，是比较务实的变革路径”。①

有关教育的大量研究和实践证明，学校的发展离不开社会和家庭的支持，学校的发展与社会、家庭形成良性互动能更为有效地推动学校的健康发展。在现代社会中，学校作为一个系统，与外界有着非常紧密的联系，同时，学校还是社会大系统中的一个子系统，更需要与社会和家长进行联系，充分发挥社会及家长的力量，形成家校互动的合力，促进学校和学生的发展。美国学者提出重叠影响阈理论来阐述学校与家庭、社区之间的合作伙伴关系，“作为美国学校与家庭伙伴关系建立的一种理论基础，重叠影响阈理论认为，家庭、学校与社区

① 王紫斌：《农村薄弱学校变革的个案研究——以福州市闽侯县小学为例》，硕士学位论文，福建师范大学，2014 年。

为学生成长承担共同的责任时对孩子的关系发生了重叠的影响，他们之间的影响力会不断累积，将孩子们置身于一个关怀型社区之中”。[①]我国学者也指出，“学校文化建设的许多问题，不只是学校文化自身的问题，而是与学校文化所处的大的文化生态有关的问题”。[②] 因此，在薄弱学校的改造和文化变革过程中，学校应该充分利用社会资源，实现学校的转变与发展。具体而言，需要充分关注学校所处社区的情况，利用社区的优质资源促进学校的变革发展，同时还要充分关注家长的需求，利用家长的资源促进学校的发展。根据调研，笔者认为，能否充分利用家长与社区的资源对学校进行改造，可以体现一所学校及其校长的胸怀气度与格局，如果学校具有一种开放的氛围，校长具有大的思想格局，那么学校的发展会被置于整个社会大环境之下，并与周边的社区环境和学生的家庭环境紧密结合，这样学校的改造也更容易赢得来自社区与家长的支持，改革效果会更好。结合研究的实际情况，本节主要在这个无所不包的大系统中选择与薄弱学校改造密切相关的两个子系统：社区与家庭，从两个方面来阐述社会对薄弱学校发展所应发挥的积极作用。

一　社区应建立健康的文化，为学校改造营造良好的环境

作为一个开放的组织系统，学校与外界社会有着密切的联系与交互作用，彼此之间相互影响，共同促进。社会环境对学校的发展有着重要的影响。对于薄弱学校而言，一方面应该加强与社会的联系，与社区建立合作伙伴关系，促进学校与社区的良性互动；另一方面，社会及社会群体应对薄弱学校及其学生抱有更加宽容的心态，营造良好的环境来促进薄弱学校及其师生的发展。具体而言，社会在薄弱学校的改造中应发挥以下作用。

---

① 杨启亮：《重叠影响阈：美国学校与家庭伙伴关系的一种理论解释框架》，《外国教育研究》2006 年第 2 期。

② 李政涛：《基础教育改革的关键词应是“文化变革”》，《人民教育》2008 年第 1 期。

（一）尊重薄弱学校的学生

有研究者指出："所谓贫困、学困问题只是薄弱的表征，更为根本的是他们因此'被薄弱'的人格尊严。"[①] 我们在日常生活中也会有这样的体验，差学校的学生有时候并不是所有的能力都不行，可能只是在学习方面能力欠缺，但学习能力欠缺所造成的学困会导致他们受到不平等的对待，甚至影响其人格尊严，例如，社会群体往往形成这样的评价标准：学习不行的孩子，各方面都不行；学习上不好的学生，肯定不是一个好孩子。这种不合理的评价标准，甚至歧视，会给薄弱学校的学生带来极大的心理压力，会让他们对自己失去信心，自暴自弃。社会群体首先应该在人格上尊重薄弱学校的学生，给予他们更多的关爱，这样才有可能激发他们的自信心，激励他们发挥自己的聪明才智。当一个学困生进入学校或者比学校更大范围的社区，不会因为学习差而承受过多心理压力和负担时，说明社会对薄弱学校的学生给予了人格上的尊重，这是社会及其群体对薄弱学校学生应有的合理心态和人格尊重。

（二）积极配合薄弱学校的改造行动，为薄弱学校的改造创造良好的条件

没有社区的大力支持，薄弱学校是很难改造成功的。除了学校的环境对学生个人发展有重要影响之外，学校周边的环境也对学生有重要的影响。我国古代孟母三迁的故事就充分体现了周边环境对于个人成长的重要性。通过实地调查或观察，我们能够明显地感觉到薄弱学校周边的环境往往不太理想，甚至存在很多危害学生健康成长的因素，如学校附近的非法网吧等娱乐场所。许多时候学校内部制定了诸多规章制度，严令禁止学生到校外网吧通宵上网，但由于周边环境的治理不到位，学生难以抵制诱惑，经常违反学校的各项规章制度。这时就特别需要来自社区的支持，通过改造恶劣的周边环境，为薄弱学

---

① 杨启亮：《薄弱学校：义务教育发展中的弱势群体》，《教育发展研究》2011 年第 15 期。

校营造健康、文明的社区环境，这样能为薄弱学校的改造起到很有效的促进作用。笔者通过研究发现，A 中学的改造就对学校周边的环境进行了有效治理，并得到了来自政府部门以及社区的相关支持，为学校的改造发挥了有效的促进作用。因此，社区及社区群体除了需要在人格上给予薄弱学校及其学生尊重之外，更重要的是应该在行动上给予支持，通过开展各种健康的社区活动，呼吁社区居民营造良好的社区文化，积极配合薄弱学校的改造行动，创建学校与社区的良性互动机制。我们发现，优质的学校其周边环境往往不会太差。能够得到来自社区的大力支持，对于薄弱学校的改造而言，十分重要。

二　家长应充分配合学校，形成良好的家校合作机制

家庭环境与家长的言行对孩子的成长有着重要且深远的影响。家庭是孩子成长的第一场所，家长是孩子的第一位启蒙者。现代教育理论研究和教育实践证明，家庭教育与学校教育有协同效用，良性的家校合作机制对于学生的成长和学校的发展有着重要的促进作用。苏霍姆林斯基曾说过："教育的效果，取决于学校与家庭的教育的一致性，如果没有这种一致性，那么学校的教学和教育过程就会像纸做的房子一样塌下来。"[①] 构建家校合作的教育共同体也成为中小学管理者的目标与愿景。尤其对于薄弱学校的变革与发展而言，要促进学生的成长绝对离不开来自于家庭的支持和家长的力量。因此，家庭在薄弱学校改造的过程中应该积极配合学校各项工作的开展，认真关心孩子的成长，与学校建立良性的家校合作机制，为学校的发展和学生的成长贡献力量。

（一）家长应关心自己的孩子

通过实地调查发现，薄弱学校学生的家长往往对自己的孩子关心不够。笔者通过与个案学校的几名学生进行访谈发现，家长并不关心

① ［苏］瓦·阿·苏霍姆林斯基：《给教师的建议》，杜殿坤译，教育科学出版社 1981 年版，第 264 页。

他们的学习，只希望他们在学校不出事，至于学习怎么样完全不重要，家长们甚至对自己孩子的学习不抱任何希望。这应该是薄弱学校学生家长普遍的态度，“在这些家庭中，家长不重视或无暇顾及孩子的教育，孩子的学习习惯没有养成，学习意识淡薄，学习态度不端正，有些甚至不尊重教师”。[①] 因此，当学校在进行变革发展以促进学生的成长时，家长应该积极转变观念，配合学校的工作，关心自己的孩子。因为通过家长的关心，学生能够感受到来自家庭的温暖，父母的行为会改善其在学校的行为表现。当父母关心自己孩子的学习成绩时，学生在学习上也会更加重视，更有动力。因此，薄弱学校在改造的过程中，也应该更加重视家校之间的合作，通过发动家长的力量来促进学生的成长。家长一方面应该在言语中充分关心自己的孩子，包括对孩子进行鼓励和表扬，增强孩子的自信心；另一方面更应该在行动中表现对孩子的关心，包括陪同孩子一起写作业，了解和询问孩子在学校一天的学习和生活情况。另外，还可以通过组建家委会，对学校的教学与管理活动提出有价值的建议。

（二）家长与学校形成有效合作

家校之间形成相互支持、相互联系、相互依存的共育关系，真正实现双向对话是学校发展与学生成长的重要动力。目前，家长与学校进行合作的主要途径为构建家校合作组织参与学校事务的管理，帮助学校更好地发展。第一，家长应积极地联合起来，建立家长委员会，并推选几位家长担任主要负责人，通过家委会的形式，家长能够有效地组织起来，家委会根据各自所具备的能力与社会资源分配不同的任务，形成合理的组织结构。第二，家委会与学校构建有效的家校合作机制，让家委会能真正参与学校的管理活动。家委会可通过参观学校，与校长、教师和学生进行对话，了解学校的发展现状，尤其是学校当前发展存在的问题以及未来发展的目标，然后再有效调动家长的

---

① 闫发滨、杨玉芳：《城市薄弱学校家校合作的几点思考》，《基础教育参考》2017年第1期。

力量帮助学校解决存在的问题，从而实现未来发展的目标。当薄弱学校处于改造中时，家长更应充分发挥家庭的作用，与学校共同努力，例如，发动家长的力量和资源，改造学校周边不良的社区环境，家长们齐心协力营造良好的社区文化，从外部推动薄弱学校改造。第三，家庭与学校之间应该形成长期的合作机制，形成真正意义上的合作伙伴关系。家庭与学校的合作不应该只是短期的，或者形式上的合作，而应该形成长期的合作机制。这样家委会成员才能从长远的角度来考虑学校的发展，这种长远的考虑能够有效减少家长与学校在合作中的冲突，形成良好的合作关系，真正意义上促进学校的发展。

综上所述，薄弱学校的改造是一个非常复杂的系统工程，不是完全依靠某一方的努力就能彻底完成的，必须依靠政府、薄弱学校以及社会等多元主体的联合行动，形成有效、积极的合作伙伴关系，三方共同为薄弱学校的改造与发展提供资源及贡献力量，才能实现学校的成功改造与转型发展。当然，各地区和各学校所采取的改造路径和措施可能大不相同，但都应该做到因地制宜、因时制宜、因校制宜。学校自身应该不断总结相关的改造经验，寻找学校的特色改造之路，合理利用来自政府以及社区、家长的各种教育资源，不断加快薄弱学校改造的步伐，引领学校走向成功。

结　　语

进入21世纪以来，我国促进教育公平的改革迈开了坚实的步伐，取得了一系列的成就，但是促进教育公平的历史目标远未实现，任务远未完成。尤其是，在我国深化基础教育领域综合改革，大力推进教育治理体系和治理能力现代化的大背景下，教育公平问题引起了社会各界更为广泛的关注。其中，薄弱学校的存在是影响教育公平目标实现的重要瓶颈，也是我国基础教育均衡发展的限制因素。如何有效改善薄弱学校的办学条件，实现义务教育的均衡发展，是教育行政部门以及学校管理者迫切需要解决的重点与难点问题。可以说，薄弱学校的改造关乎我国教育的现代化以及教育公平目标的实现，是一个社会的民生问题，具有非常重大的现实意义。

笔者长期关注薄弱学校的生存现状及改造问题，对于薄弱学校具有特殊的感情。带着这份特殊的感情，笔者选取了一所典型的薄弱学校作为研究对象，深入其中进行实地观察和调研，近距离接触薄弱学校及其师生。以学校文化作为切入点，从物质文化、制度文化、行为文化和精神文化4个维度对薄弱学校文化变革的全过程进行了分析和描述，总结了薄弱学校文化变革的具体成效，并进一步思考了薄弱学校文化变革所带来的启示与经验。此项研究的一个重要意义在于，生动的事实告诉我们：薄弱学校是完全可以改造成功的。每一所薄弱学校都应该有足够的信心，通过自身的努力摆脱薄弱的现状。我们希望更多的薄弱学校能够正视自身的问题，积极寻找出路，实现学校的转型发展。这也是本书的重要目的和意义。

行文至此，本研究将告一段落，总体而言，本研究基本实现了笔者的设想，完成了研究的目的。本书以学校文化为视角，对薄弱学校改造进行系统的个案研究，相比较以往的研究来说，本书选取了新的研究视角，且以质性研究的方式对个案学校进行了深入的调研，在调研的过程中，笔者尽可能地对薄弱学校的整体状况进行全面把握，对学校师生进行深入访谈，对教师的课堂教学及学生的在校行为也进行了认真的观察，力图全方位把握薄弱学校的真实情况。在本书的写作过程中，笔者也是竭尽全力地对通过问卷调查、实地观察和深入访谈等方式收集到的资料进行解读和分析。总体而言，本书得到了较为科学的研究结论，展示了薄弱学校文化变革的全过程，揭示了学校文化对薄弱学校改造与发展的影响机制，证实了学校文化对学校发展的重要意义；为后续有关薄弱学校的研究奠定了一定的基础，丰富了薄弱学校的相关研究成果。但在研究的整个过程中，笔者也感到自己的理论基础不够扎实，对于学校文化的相关理论知识了解不够深入，使用起来不能游刃有余；同时对于质性研究方法的使用也存在一定的局限，有些地方没有进行详尽的叙述与深入的分析，更没有从现实情境中归纳总结出新的理论，有些想要表达的意思不能很好地用学术文字表达出来。更为重要的是个案学校文化变革的路径完全来自于学校自身的实践探索，并仍处于不断的改造与发展之中，很多的策略与措施仍需要在实践中进行检验，这使得本书不能针对薄弱学校的现状提出具有可操作性的改造策略，尤其是不能多维度、多视角地分析和指导薄弱学校的改造。这些都是需要进一步改进的地方，也是值得研究者进一步深入研究和思考之处。在时间和精力允许的情况下，尤其需要选择多个不同的个案进行比较研究，使研究的结论更具有普遍性和科学性，同时通过发现个案之间存在的差异，为薄弱学校的改造提供更为科学和系统的启示与借鉴，全方位促进薄弱学校的改造。

通过研究的开展，笔者对于薄弱学校的感情有增无减。薄弱学校作为一种特殊的存在，需要得到社会各界的关注与支持。同时学校文化作为薄弱学校中的一个复杂与微妙的领域，仍有着丰富的内涵与巨大的研究空间，笔者真心希望薄弱学校在改造的过程中能更加关注学校文化的建设，营造一种和谐、上进的文化氛围，让全校师生在学校中能够找到归属感。笔者在今后的学术生涯中，也将进一步思考薄弱学校改造及其文化建设问题，同时也希望更多的研究者能够加入到此研究中来。最后，由衷地希望我国的薄弱学校能够早日摆脱薄弱的现状，让每一位学生能够享受平等的、高质量的教育，让每一位学生在校园里都能够健康快乐地成长，以学校为荣。

附　　录

附录一　学校文化满意度调查问卷（教师）

尊敬的老师：

您好！这是一份关于学校文化的调查问卷，目的是想了解您所在学校学校文化的现状。问卷采用不记名的方式，调查的结果仅供学术研究之用，请您放心填写。衷心感谢您的支持和参与！

【基本信息】请您根据个人情况，在符合的选项上打"√"

1. 性别：A 男　　B 女

2. 年龄：＿＿＿＿＿＿

3. 学历：A 中专　　B 大专　　C 本科　　D 研究生

4. 教龄：A 5 年及以下　B 5—10 年　C 11—15 年　D 15 年以上

5. 职称：A 二级　　B 一级　　C 高级　　D 特级

6. 所教年级：A 高一　　B 高二　　C 高三

7. 班主任：A 是　　B 否

【问题部分】请您根据实际情况作答，在对应的空格中打"√"，谢谢您的配合！

维度	学校文化	完全不符	比较不符	一般	比较符合	完全符合
学校物质文化	1. 学校环境优美，布局合理，是教书育人的好地方					
	2. 学校的教学基础设施建设完善，能顺利地开展教学工作					
	3. 学校的人文景观（名人雕塑、纪念碑、文化长廊等），给人营造了一种良好的文化氛围					

续表

维度	学校文化	完全不符	比较不符	一般	比较符合	完全符合
学校制度文化	4. 学校组织机构设置合理，能很好地辅助教学工作					
	5. 对于学校制定的规章制度，我很认可					
	6. 学校的各项规章制度能很好地执行					
	7. 我所在的班级有自己的班规					
学校行为文化	8. 校长鼓励教师进行教学改革					
	9. 学校的管理和决策能够体现教师们的意见					
	10. 学校管理者经常关注教师们的需求					
	11. 教师经常一起交流心得和工作经验					
	12. 当教学上遇到问题时，我的同事会积极主动地帮助我					
	13. 学生很有礼貌，尊敬老师					
	14. 课堂上学生能认真听讲，积极回答问题					
学校精神文化	15. 校长有明确的办学理念，能有效推动学校发展					
	16. 校训蕴含的精神与学校的办学宗旨是一致的					
	17. 全校师生齐心协力共同促进学校发展					
	18. 学校重视开展音乐、体育、美术等课外活动					
	19. 我所做的工作，能很好地实现自我价值					
	20. 我很认可学校的价值观					

附录二　学校文化满意度调查问卷（学生）

亲爱的同学：

您好！这是一份关于学校文化的调查问卷，目的是想了解您所在学校的学校文化。问卷采用不记名的方式，调查的结果仅供研究之用，请您放心填写。衷心感谢您的支持和参与！

【基本信息】请您根据个人情况，在符合的选项上打“√”

1. 性别：A 男　　B 女

2. 年龄：____________

3. 年级：A 高一　　B 高二　　C 高三

4. 你是否担任过学生干部：A 是　　B 否

【问题部分】请您根据实际情况作答，在对应的空格中打“√”，谢谢您的配合！

维度	学校文化	完全不符	比较不符	一般	比较符合	完全符合
学校物质文化	1. 学校环境优美，规划合理，是读书的好地方					
	2. 学校的教学设施（教室、图书馆等）建设合理，适合学习					
	3. 学校的运动设施（球场、操场）建设完善，适合锻炼					
	4. 学校的人文景观（名人雕塑、纪念碑、文化长廊等）能给人一种积极向上的精神					
	5. 学校校徽的设计有新意，能体现学校的特色					
	6. 学校的校服很好看，我喜欢穿					
学校制度文化	7. 学校的制度对我的学习会产生重要的影响					
	8. 我愿意遵守班级纪律					
	9. 如果违反班规，会受到一定的惩罚					
	10. 班干部通过公平、公正的方式选举出来					
	11. 对于班级的事情，老师鼓励我们参与讨论，一起解决					
学校行为文化	12. 班干部能起到很好的表率作用					
	13. 我和班上的同学相处很融洽					
	14. 老师在课堂上的行为能有效提高我的学习成绩					
	15. 课堂上我积极思考和回答老师的提问					
	16. 生活中如果遇到困难，我会向老师倾诉					
	17. 我积极参加运动会等学校文体活动					
学校精神文化	18. 教师能尊重每一个学生					
	19. 我所在的班级集体荣誉感强					
	20. 校训中蕴含的学校精神能鼓舞我努力学习					
	21. 我所在的班级学习氛围很好					
	22. 学校的价值观对我的行为起着指引作用					
	23. 我喜欢学校的文化氛围					

附录三　校长访谈提纲

第一次访谈提纲

1. 校长您何时来该校任职？因什么原因、通过什么方式来该校任职？

2. 校长请您简单介绍一下您的教育背景、个人经历、曾取得的工作成就以及您的教育理念和办学理念。

3. 初到该中学，您对该校办学质量、办学规模、办学条件、师资队伍、生源情况、高考情况等方面有什么了解？

4. 初到该中学，您对该校的总体印象如何？该校在哪些方面存在严重问题？比如学生素质情况、教师教学能力、领导管理水平等。

5. 您的到来，学校其他领导、教师、学生持什么态度？

第二次访谈提纲

1. 您着手对学校进行改造时，学校其他领导、教师和学生是什么态度？

2. 您当时是如何采取措施来对学校进行改造的？您从哪些方面入手？为什么选择这些方面作为突破口？

3. 在改造的过程中，遇到了哪些阻力？您是如何去克服的？得到了哪些帮助？

4. 请您讲几个在改造学校过程中的感人或令您难过的故事。

第三次访谈提纲

1. 校长您能具体谈谈您是如何来建设该校的学校文化的吗？

2. 通过一年的努力，该校在学校文化建设方面取得了哪些成就？

3. 您是从哪些方面来加强学校特色建设，凸显学校的艺术特色的？

4. 除学校文化方面，您还从哪些方面来促进学校的发展？比如教师科研、学校宣传等。

5. 您认为，该校将来应从哪些方面去进一步发展?

附录四 学校相关制度安排

（一）学校管理工作的常规规定

为让班级管理操作规范化，特重申如下工作常规。

1. 请假制度：学生因事、因病请假的必须办理请假手续，否则视为旷课。现将具体请假手续规范如下：

（1）因事、因病需请假的必须提前办理手续，要求是提前一天办理第二天的请假手续。

（2）在校外因急事、急病需请假的要在上课前先电话向班主任请假（凡上课前未打电话告知，班主任去电询问才告知者，一律视为旷课)，请假者回校后两天内，持证明办理书面补假手续。请假要有家长的意见签名，请病假要有医院或诊所的病历诊断证明书和家长意见、签名，无上述手续的书面假条视为无效假条。有上述手续但经班主任核实是做假的，一律视为旷课，情节严重者给予相应行政处分。

（3）在校内必须在家长电话告知级组长和班主任的情况下才能请事假，并要办理书面请假手续，要有级组长和班主任签署的出校门证明门卫才给予放行，否则不放行并视为旷课。

（4）在校内因病请假的要办理书面请假手续，要有校医和班主任签署的出校门证明门卫才给予放行，否则不放行并视为旷课。

（5）请假期满仍需续假的要提前电话告知班主任或向教导处请假，回校后按第（2）点要求补办书面请假手续，否则视为旷课。

（6）请事、病假一节课以上，三天以内向班主任请假，三天以上七天以内向教导处请假，一周以上向校长室请假，除此之外任何个人或部门无权批假。

（7）学生出现旷课行为，任课老师要及时告知班主任，班主任当天要及时与家长联系，学生连续旷课一天以上必须及时报级组长或教导处处理。

2. 学校原则上不允许学生将贵重物品如手机、随身听和电子词典等带到学校，返校时现金要求学生随身携带且不必带太多，若违反规定造成财产损失，责任自负。

3. 学生凡带手机回校在早读、上课、自习、晚自修、补课、午休、集会和就寝期间玩游戏、发短信或打电话等，第一次当场收缴并请家长来校教育后归还，第二次一经发现即没收；凡是在教室用充电器给手机充电的，一经发现即没收；住宿生凡是在就寝或晚自修时间打电话、玩游戏、发短信或在宿舍用充电器给手机充电的，一经发现即没收。

4. 学生在早读、上课、自习、晚自修、补课、午休、就寝及集会时不允许听随身听，若发现第一次当场收缴并请家长来校教育后归还，第二次一经发现即没收。

5. 学校原则上禁止学生个人带体育器材回校，需要使用体育器材的，课外活动时间（下午4：00—5：40）到学校体育器材室借用，活动结束后归还。在早读、上课、自习、晚自修、补课、午休和就寝等学校规定的时间内进行体育活动以及在课室、走廊、宿舍和校园内任何学校规定不允许进行体育活动的场所进行体育活动的，一经发现学校即没收体育器材，没收的体育器材如果是学校或是班上的公共财产，由违纪学生赔偿归还。

6. 为节省资源、节约用电和保证午休质量，学校要求课室在无人上课、课间操和午休期间不许开光管，无人在课室时必须关电风扇。

7. 为培养良好的生活习惯，午休期间住宿生在宿舍休息，在学校搭食的走读生在教室休息，午休期间不准在教室、走廊和校园里走动、逗留、打球或踢毽；不准在教室里打牌、下棋、喧哗、吵闹；不准到饭堂买东西。若不休息的学生可以选择在教室自习或到图书馆看书，要求同样。

8. 学生在早读、上课、自习、晚自修、补课、午休、就寝及集会时不允许吃东西、喝饮料、看闲杂书、打牌、下棋等，若发现当场收缴。

9. 为有一个好的校园环境，各班每天两次要做好课室的卫生清洁工作和保持校园整洁，不得随意乱扔、乱丢、乱吐。

10. 住宿生未经请假不回学校住宿的，一经核实扣住宿生操行分10分。住宿生翻越围墙违纪进出学校的即时取消住宿资格。

11. 凡是在学校有吸烟、喝酒和赌博等不良行为的住宿生即时取消住宿资格。

12. 按照《广东省普通高中学生学籍管理规定》要求，迟到或早退三次计旷课一节，迟到或早退达15分钟计旷课一节；旷课累计10节以上全校通报批评，到60节警告，达100节记过，达150节自动退学。

13. 学校行政处分等级：警告、记过、留校察看、勒令退学和开除学籍五级。

14. 警告处分观察期半年，记过处分观察期一年，留校察看观察期一年，在处分观察期未满或已满但仍未能撤销处分的学生德育操行等级该学期评为不合格。

请各班严格按照学校的规章制度执行，对违纪学生在做好教育工作的同时及时做好德育操行分或住宿操行分的扣减统计工作，对扣分达到相应分数的学生要及时上报处理。

（二）文明宿舍评比奖励条例

为落实学校规章制度，创建文明宿舍，特制定本评比奖励条例。

1. 一个学期每四周评文明宿舍一次，发流动红旗，学期末评文明宿舍标兵一次。

2. 评比条件

（1）团结友爱，做到互相关心，互相爱护，互相帮助。

（2）遵守纪律，做到遵守学校规章制度、宿舍休息制度，不做违法违纪的事。

（3）整理好内务，搞好卫生，做到内务按要求摆放物品，务必达到整齐划一，做好清洁保洁工作，室内无垃圾、积水。

（4）在规定时间内按时在宿舍午休、晚寝，做到不迟到、早退或无故缺席。

（5）加强安全防范意识，做好安全防范工作，保管好自己的财物，值日生要锁好门窗，举报可疑的人物。

（6）爱护公共财物，节约用水、用电。

3. 评比办法

（1）由学生宿舍管理委员会成员每天检查记分，每月评比前预先统计好宿舍的文明评分和加减分情况，按总分排好名次。

（2）由教导处按名次取前两名评为月文明宿舍，学期末综合一学期总分取前两名评为学期文明宿舍标兵。

（3）宿舍或宿舍成员有扣分情况的取消评文明宿舍的资格，宿舍受过批评的取消评文明宿舍标兵的资格。

4. 奖励办法

（1）获月文明宿舍：发流动红旗和奖金 10 元。

（2）获学期文明宿舍标兵：发奖励证书和奖金 15 元。

（3）优秀舍长奖：一学期取宿舍总分前五名的舍长为优秀舍长，获奖者发荣誉证书（宿舍曾受过批评的取消资格，得分并列的可以多取奖励）。

（4）优秀层长奖：一个学期本层宿舍有获得过月文明宿舍流动红旗，且无一个宿舍受过批评的层长评为优秀层长，获奖者发荣誉证书。

（5）优秀住宿生奖：一个学期取得个人操行优秀，得分排在前十名的住宿生评为优秀住宿生，获奖者发奖品（有扣分情况或曾受过批评的取消资格，得分并列的可以多取奖励）。

（三）学校优秀艺术生评选及奖励方案

1. 评选宗旨

为激励全校学生重视艺术教育，全面提高综合素质，同时引导艺术生勤奋学习，加强修养，培育品德、文化、艺术“三馨”的优秀学生，促进学校艺术特色的发展，依据《A学校艺术教育发展基金设立条例》，特制定本方案。

2. 评选范围

在校艺术生（包括音乐生和美术生）。

3. 评选标准

（1）操行优秀，德育分排班集前10名，学期扣德育分合计不超过8分，无旷课。

（2）文化成绩优秀，期末考试总分排年级艺术班30%以内，学期各科模块成绩合格。

（3）艺术专业成绩优秀，术科考试总分排年级艺术班30%以内。

（4）积极参加体育活动，体育达标。

（5）文化成绩排名选取的学科科目由各年级定，艺术专业考试和成绩排名方法由艺术科组定。

（6）操行、文化和体育情况由各班提供，艺术专业成绩由艺术科老师提供，各年级负责统筹。

4. 评选方法

（1）每学期进行一次评选，各年级按评选标准推荐，学校审批。

（2）每学期各年级推荐奖励名额原则上平均每班不超过8名，音乐生和美术生分开推荐。

（3）把评选标准前3项名次相加，数字小者排前，按班额平均数取出名次。

5. 奖励办法

（1）分设音乐班和美术班的年级按平均每班一等奖1名，二等奖3名，三等奖4名的标准进行奖励。

（2）音乐和美术合班的年级按一等奖2名，二等奖2名，三等奖4名的标准进行奖励，音乐生和美术生各占一半。

（3）奖金分配：一等奖150元/人，二等奖100元/人，三等奖50元/人。

（4）对获奖励的学生颁发学校“三好学生”荣誉证书。

6. 特别说明

达到学校优秀学生评比条件的学生不参加优秀艺术生评比，享受学校优秀学生奖励待遇。

（四）学生请假制度

（1）学生必须提前请假。

（2）学生在请事假、病假前要由家长打电话给班主任，班主任确认家长同意后才能签名同意。

（3）如有特殊情况不能提前请假的，必须由家长电话通知班主任，回校后在两天内补正式假条，要有家长签名。

（4）病假须有区级医院病历（特殊情况除外）。

（5）三天及以上的请假要报教导处批假。

（6）学生请假条要半张 A4 纸大小，模板如下：

请假条
尊敬的＊＊＊： （正文：请假事由、请假时间……） 学生签名 日期 附：班主任与家长沟通的情况记录 三天以上教导处审批情况：

附录五　教师日志

（一）学校，你我幸福的共同体（郑老师）

学校这一切的发展变化能不让我感觉到幸福吗？作为她的一名员

工，工作在这里的一名教师，我充分地感受到学校发展变化的蓬勃生机，学校就是一个大家庭，校园就是我们的家，当她一点一点变化着，你会感受到家的温暖和一种力量在你心中升腾，为你播种下希望，为你的工作注入无限的动力！这就是我幸福的源泉啊！如果没有学校的发展，没有家的温暖，没有家给你的动力，那么作为她的儿女在这里工作和生活就不会有幸福感和成就感了。

学校这几年的艺术发展是多么不容易，当初只是小有成果到如今强势发展，在去年广州迎亚运过程中，我校艺术学生大放光彩，参加了一系列的活动，让广州甚至中央电视台记住了 A 中学的名字；我校的合唱艺术团载誉累累，堪称广州市学校合唱艺术团的旗帜；当我们的学生考上解放军艺术学院、华南理工大学、中山大学、星海音乐学院这样的重点大学时，我们的学子是怎样的意气风发！当我们自信地通过市、区一级的各项教学、德育评估，评估专家们对我校成果的取得都不禁喝彩和感动时，我们教工的心中是何等的荣耀和幸福！

这一切成果的取得是学校师生凭着一种信念，在学校领导的开拓、锐意进取中获得的！是学校师生凭着坚强的意志，用辛勤的汗水和智慧去创造浇灌的！这是一个艰难的拼搏过程，一个披荆斩棘的奋斗过程，这个过程是学校一笔永恒的财富！学校师生珍惜这个来之不易的成果，懂得用行动和热爱去维护这份荣誉，并用希望去守候，用真诚去期待更美好的明天。正因为如此，这份为学校发展感动欣喜的情感已深深地刻印在我的心底，化为深沉的热爱之情，让我常常感到幸福、知足和快乐！

学校，是我们生活和工作的家园，也是我们精神的家园，它在白云大地上，在初升太阳的照耀下越发富有生机和活力！而她的儿女，正以饱满的热情、昂扬的斗志，继续为这片深情的土地和美丽的家园创造出更辉煌的明天！

想到这些，一阵强烈的持续的幸福的感觉又升腾上来，让我继续向前跑去！

（二）今日同历风雨，明朝共赏彩虹（余老师）

合上贺卡，我微微一笑，像往常一样去教室看早读，让我惊讶的是同学们异口同声的生日歌代替读书声飘扬而出，我心中荡起阵阵激动而幸福的涟漪，此刻，我眼前的一切都是如此美好，就连平常最调皮捣蛋的小华，今天看起来也是那么的可爱。

放学后，小米特有礼貌地请我回教室帮他们解答问题，我爽快答应了。推开教室门，迎面出现的是插满26根蜡烛的蛋糕，小文和小杰捧着一大束玫瑰花走过来，带着全班同学齐声说道："老师，您辛苦了，生日快乐！"我的眼泪终于忍不住流下来，这一刻，我真切地体会到了作为一名老师，尤其是作为一名班主任的真正幸福。

经过一年的相处，我深深地感到我和小米已经不仅仅是一对师生了，我们更像是朋友，我们彼此分享着所有的喜怒哀乐，也互相鼓励，相互扶持。学期末，我们班被评为学校的"优秀班"和"优秀团支部"。小米的成绩始终是班上的第一名，她还被评为"白云区优秀团员"；而我在教学上也有了突破，撰写的论文获奖，还获得"广州市优秀班主任"称号。我终于明白了：老师成就学生的同时，学生也成就了老师。

陶行知先生曾说过："教师的成功是创造出值得自己崇拜的人，先生最大的快乐，是创造出值得崇拜的学生。"徐特立也说："教书是一项很愉快的事业，你越教就越热爱自己的事业。当你看到教出来的学生一批批走向生活，为社会作出贡献时，你会多么高兴呀！"

无论外面的世界多么精彩，抑或多么无奈，我想说：一个教师的幸福，不是慵懒地等待，也不是无知地急为，而是默默地耕耘。教育是心灵的事业，更应是幸福的行业，衷心希望每一位班主任都能与学生同历风雨，共享彩虹，心底永存职业带来的幸福。

参考文献

一 著作类

陈芬：《学校文化变革的实践研究——以上海大学市北附属中学为例》，人民出版社2016年版。

陈向明：《在行动中学作质的研究》，教育科学出版社2003年版。

陈向明：《质的研究方法与社会科学研究》，教育科学出版社2000年版。

辞海编辑委员会：《辞海》，上海辞书出版社1999年版。

邓亮：《基于学校文化的教师团队自省个案研究》，江西教育出版社2016年版。

范国睿：《多元与融合——多维视野中的学校发展》，教育科学出版社2002年版。

李化树：《公平与均衡：中小学薄弱学校改造与发展研究》，西南交通大学出版社2011年版。

刘进田：《文化哲学导论》，法律出版社1999年版。

马灿杰：《新世纪企业家百科全书》（第3卷），中国言实出版社2000年版。

孙鹤娟：《学校文化管理》，教育科学出版社2004年版。

孙远航：《薄弱学校改造与发展》，华东师范大学出版社2006年版。

［苏］瓦·阿·苏霍姆林斯基：《给教师的建议》，杜殿坤译，教育科学出版社1981年版。

王重鸣：《管理心理学》，人民教育出版社2004年版。

吴中平、徐建华等：《冲突与融合：学校文化建设新视角》，上海三联书店 2006 年版。
杨小微、叶澜等：《全球化进程中的学校变革——一种方法论视角》，华东师范大学出版社 2004 年版。
余清臣：《学校文化学》，北京师范大学出版社 2010 年版。
俞国良：《学校文化新论》，湖南出版社 1999 年版。
翟博：《教育均衡论——中国基础教育均衡发展实证分析》，人民教育出版社 2008 年版。
张光义：《学校文化建构与践行》，西南师范大学出版社 2015 年版。
张晓霞、宁德煌：《ISO 9000 族标准与薄弱学校教学质量管理改进应用研究》，科学出版社 2010 年版。
赵中建：《学校文化》，华东师范大学出版社 2004 年版。
郑金洲：《教育文化学》，人民教育出版社 2000 年版。
朱乃楣等：《互动与共生：学校文化转型的机制研究》，教育科学出版社 2014 年版。
［加］迈克尔·富兰：《变革的力量——透视教育改革》，中央教育科学研究所、加拿大多伦多国际学院翻译，教育科学出版社 2004 年版。
［美］埃德加·沙因：《组织文化与领导力》，章凯、罗文豪、朱超威译，中国人民大学出版社 2014 年版。
［美］哈罗德·孔茨等：《管理学》，贵州人民出版社 1982 年版。
［美］罗伯特·G. 欧文斯：《教育组织行为学：适应型领导与学校变革》，窦卫林、温建平译，中国人民大学出版社 2007 年版。
［英］爱德华·泰勒：《原始文化》，连树声译，上海文艺出版社 1992 年版。
［英］安·格雷：《文化研究：民族志方法与生活文化》，许梦云译，重庆大学出版社 2009 年版。

二 论文类

（一）期刊论文

Achilles A. Armenakis、Arthur G. Bendeian：《组织变革：20 世纪 90 年

代的理论与研究综述》,《管理世界》2010 年第 10 期。

白亮、凌郡:《OECD 国家薄弱学校改进策略与启示》,《教育科学研究》2015 年第 8 期。

班建武:《学校文化现状诊断及改进路径》,《中国教育学刊》2011 年第 2 期。

鲍传友:《学校文化:薄弱学校改进的突破口》,《中国教师》2008 年第 9 期。

陈红光:《薄弱学校崛起的支点在文化》,《华夏教师》2013 年第 10 期。

邓亮:《学校文化视角下的薄弱学校改造研究——以 A 中学为例》,《基础教育研究》2016 年第 1 期。

邓亮、林天伦:《薄弱学校委托管理制度建设:困境与出路》,《教育科学》2015 年第 5 期。

付云:《学校文化简论》,《现代中小学教育》2006 年第 4 期。

顾明远:《论学校文化建设》,《西南师范大学学报》2006 年第 5 期。

官根苗、王红梅、王琪:《论学校制度文化的涵义、结构与功能》,《现代中小学教育》2006 年第 2 期。

郭雯:《浅谈学生文化》,《科教导刊》2010 年第 13 期。

贺武华、杨小芳:《薄弱学校发展困境的社会学解释》,《教育发展研究》2006 年第 7 期。

胡乐:《论薄弱学校创新型文化的建设》,《内蒙古师范大学学报》(教育科学版)2007 年第 12 期。

蒋建华:《校长在学校发展与创新过程中的文化引领》,《中国教育学刊》2008 年第 4 期。

蒋洁蕾、李爱铭:《上海促进基础教育均衡化发展模式分析——兼论“政府、学校、社会”三者关系》,《基础教育》2015 年第 4 期。

晋银峰:《我国薄弱学校改革发展三十年》,《课程·教材·教法》2015 年第 10 期。

瞿瑛：《论义务教育均衡发展与教育公平》，《教育探索》2006 年第 12 期。

康君明：《关于学校文化建设的文献综述》，《西北成人教育学报》2012 年第 5 期。

康开洁：《教育均衡发展理论与实证研究综述》，《教育探索》2008 年第 9 期。

李桂强：《薄弱学校研究综述》，《内蒙古师范大学学报》（教育科学版）2004 年第 6 期。

李均、郭凌：《发达国家改造薄弱学校的主要经验》，《外国中小学教育》2006 年第 11 期。

李锐利：《从失败走向成功——英国改进薄弱学校的措施对我国的启示》，《外国中小学教育》2003 年第 2 期。

李湘：《论薄弱学校的发展与社区的关系》，《乌鲁木齐职业大学学报》2006 年第 3 期。

李学农：《广义学校文化论》，《江苏教育学院学报》（社会科学版）1994 年第 1 期。

李亦菲：《对学校文化的要素与结构的分析》，《天津师范大学学报》（基础教育版）2008 年第 3 期。

李政涛：《基础教育改革的关键词应是“文化变革”》，《人民教育》2008 年第 1 期。

励骅、白华：《国外薄弱学校改进的有效举措探析》，《比较教育研究》2009 年第 6 期。

刘宝存、何倩：《新世纪美国薄弱学校改造的政策变迁》，《比较教育研究》2011 年第 8 期。

刘绿芹：《内涵塑造是薄弱学校自我提升的关键》，《教学与管理》2011 年第 25 期。

刘守尧：《浅析校园文化的特征以及在实践中的几对关系》，《中国轻工教育》2005 年第 3 期。

刘要悟、肖彦卿：《试论改造城市薄弱学校的方策》，《湖南师范大学教育科学学报》2004 年第 6 期。

路光远：《内涵发展：薄弱学校更新之路》，《全球教育展望》2005 年第 4 期。

孟范祥、张文杰、杨春河：《西方企业组织变革理论综述》，《北京交通大学学报》（社会科学版）2008 年第 7 期。

冉亚辉：《浅论基础教育中薄弱学校的形成原因》，《基础教育研究》2006 年第 4 期。

苏鸿：《基础教育课程改革与学校文化重建》，《课程 · 教材 · 教法》2003 年第 7 期。

孙波：《中小学学校文化建设研究综述》，《西北成人教育学报》2012 年第 5 期。

孙颖：《美国薄弱学校改造的政策分析》，《外国中小学教育》2014 年第 8 期。

索磊：《从“特色学校”到“信托学校”——英国提高薄弱学校办学质量政策解析》，《教育发展研究》2009 年第 15 期。

汪丞：《日本教师“定期流动制”对我国区域内师资均衡发展的启示》，《中国教育学刊》2005 年第 4 期。

汪洋、马焕灵：《论薄弱学校的精神文化改造——以沈阳师范大学沈北附属学校为例》，《教学与管理》2012 年第 5 期。

王艳玲：《社区共建：英国改进薄弱学校的新举措》，《外国教育研究》2005 年第 4 期。

王永强：《薄弱学校的界定与成因探究》，《河南科技学院学报》2012 年第 4 期。

吴福生：《关于强化义务教育的若干思考》，《中国教育学刊》1996 年第 2 期。

吴永军：《教育公平：当今中国基础教育发展的核心价值》，《教育发展研究》2012 年第 18 期。

谢翌：《关于学校文化的几个基本问题》，《外国教育研究》2005 年第

4 期。

谢翌、马云鹏：《重建学校文化：优质学校建构的主要任务》，《华东师范大学学报》（教育科学版）2005 年第 1 期。

熊梅、陈纲：《标本兼治综合治理——关于我国部分大中城市义务教育阶段加强薄弱学校建设情况的调研报告》，《教育研究》1998 年第 4 期。

薛国凤：《日本教师“定期流动制”对解决我国偏贫地区义务教育师资问题的启示》，《日本问题研究》2000 年第 1 期。

闫发滨、杨玉芳：《城市薄弱学校家校合作的几点思考》，《基础教育参考》2017 年第 1 期。

杨军：《英国促进基础教育均衡发展政策综述》，《外国教育研究》2005 年第 12 期。

杨启亮：《薄弱学校：义务教育发展中的弱势群体》，《教育发展研究》2010 年第 15 期。

杨启亮：《重叠影响阈：美国学校与家庭伙伴关系的一种理论解释框架》，《外国教育研究》2006 年第 2 期。

殷磊：《学校文化建设与教师专业发展》，《中国高教研究》2005 年第 3 期。

曾丽芬：《构建艺术跑道，助飞人生梦想》，《中国教师》2016 年第 4 期。

曾小华：《文化、制度与制度文化》，《中共浙江省委党校学报》2001 年第 2 期。

张新平、陈粤秀：《何谓优质学校——基于 40 位教管人员的访谈研究》，《教育发展研究》2011 年第 10 期。

郑友训：《薄弱学校的成因及变革策略》，《教育探索》2002 年第 10 期。

周兴国：《薄弱学校改进的困境与出路：制度分析理论的视角》，《教育发展研究》2010 年第 4 期。

（二）学位论文

陈海燕：《学校制度文化建设的个案研究》，硕士学位论文，浙江师范大学，2009 年。

陈茜：《一项关于学校组织文化的个案研究》，硕士学位论文，华东师范大学，2002 年。

韩鸿儒：《校际合作：薄弱学校改进的文化视角》，硕士学位论文，宁波大学，2010 年。

何长平：《现代中小学学校文化建设研究》，硕士学位论文，江西师范大学，2006 年。

侯妹棠：《薄弱学校存在的问题及其改造对策》，硕士学位论文，华中师范大学，2006 年。

胡静：《中小学校园文化建设的问题及对策研究》，硕士学位论文，南京师范大学，2008 年。

姜水晶：《薄弱学校形成原因分析及改造策略研究》，硕士学位论文，东北师范大学，2007 年。

蓝日模：《一所薄弱中学的转变》，硕士学位论文，广西师范大学，2007 年。

李桂强：《薄弱学校发展中的矛盾及其对策》，硕士学位论文，南京师范大学，2004 年。

李林芳：《薄弱学校的组织气候研究——以 A 中学为个案考察》，硕士学位论文，西南大学，2012 年。

吕佳：《薄弱学校教师流失问题与对策研究——基于文化的视角》，硕士学位论文，宁波大学，2010 年。

秦素粉：《英国薄弱学校改进政策研究》，硕士学位论文，华中师范大学，2007 年。

史春媛：《学校制度文化的解读与创建》，硕士学位论文，东北师范大学，2005 年。

王瑞森：《中小学学校文化建设研究》，硕士学位论文，华中师范大学，2007 年。

王紫斌：《农村薄弱学校变革的个案研究——以福州市闽侯县小学为例》，硕士学位论文，福建师范大学，2014 年。
肖彦卿：《从平顶山十三中看我国薄弱初中的成因及改造》，硕士学位论文，湖南师范大学，2004 年。
杨继富：《城市化进程中薄弱学校教师文化变革研究——以杭州 X 学校为例》，硕士学位论文，杭州师范大学，2015 年。
袁彩哲：《薄弱学校改造中的问题与发展对策研究——以江苏省泰兴市洋思初中为个案》，硕士学位论文，西南师范大学，2002 年。
张侃：《多维视角下农村薄弱学校的改造研究》，硕士学位论文，江西师范大学，2006 年。
张英姿：《学校组织文化初探》，硕士学位论文，首都师范大学，2007 年。
郑洋：《薄弱学校改进策略的案例研究》，硕士学位论文，东北师范大学，2010 年。
朱家存：《走向均衡——大中城市加强薄弱初中政策研究》，博士学位论文，华东师范大学，2002 年。

三　英文参考文献

David Stewart, D. J., *Tomorrow's Principals Today*, Palmerston North: Kanuka Grove Press, Massey University, 2000.
Deal & Peterson, "School Culture: A key to Improved student learning", *School Team Innovation*, 1996 (10).
Deal Peterson, *Shaping School Culture: the Heart of Leadership*, San Francisco: Jossey-Bass Publishers, 1999.
Geerz, C. H. M., *The Interpretation of Cultures*, New York: Basic Books, 1973.
Heckmam, P. E., "School Restructring in Practice: Reckoning with the Culture of School", *International Journal of Educational Reform*, 1993, Vol. 2.

Hofstede. G. , *Culture's Consequences*: *International Differences in Work—Related Values*, Beverly Hills, 1980.

Improving School Culture, www. eschoolsolution. com/, 2006, 08, 10.

Joan Richardson, "School Culture: A Key to Improved Student Learning", *School Team Innovation*, 1996 (10).

Kent, D. , "Positive or negative?" *Journal of Staff Development*, 2002, 23, (3).

Lortie, D. C. , "School leader", Chicago: University of Chicago Press, 1875.

Philips, G. , "The school-classroom audit", *Vancouver*, British Columbia: Eduserv, British Columbia School Trustees Publishing, 1993.

Schein, E. H. , "Coming to a New Awareness of Organizational Culture", *Sloan Management Review*, 1984 (25).

Schein, E. H. , *Organizational Culture And Leadership*, San Francisco: Jossey-Bass, 1985.

Stanbinsky Allen, Ross Steven, Redfield Doris, "Effects of Comprehensivve School Reform on Student Achievement and School Change: A Longitudianl Muti-Site Study", *Review of Educational Research*, 2006.

W. Waller, *The Sociology of Teaching*, New York: Wiley, 1932.

四　其他

《教育均衡发展的理论阐释》，均衡教育信息网，2007 年 3 月 30 日。

董洪亮：《为孩子们创造平等受教育机会——就加强薄弱中小学建设问题采访国家教委基础教育司司长李连宁》，《人民日报》1997 年 7 月 2 日。

中华人民共和国财政部：《农村义务教育薄弱学校改造补助资金管理办法的通知》，http://jkw. mof. gov. cn/zhengwuxinxi/zhengcefabu/201502/t20150202_ 1187126. html，2015 年 1 月 23 日。

中华人民共和国教育部：《构建共同推进义务教育均衡发展新机制》，

http：//www. edu. cn/ji_ jiao_ news_ 279/20110321/t20110321_ 589859. shtml，2011 年 3 月 20 日。

中华人民共和国教育部：《关于全面改善贫困地区义务教育薄弱学校基本办学条件的意见》，http：//old. moe. gov. cn//publicfiles/business/htmlfiles/moe/s3321/201312/161635. html，2013 年 12 月 31 日。

中华人民共和国教育部：《国家中长期教育改革和发展规划纲要（2010—2020）》，2010 年。

中华人民共和国教育部：《教育部关于印发〈关于加强大中城市薄弱学校建设，办好义务教育阶段每一所学校的若干意见〉的通知》。

中华人民共和国教育部：《农村义务教育薄弱学校改造计划背景材料》，http：//www. moe. gov. cn/jyb_ xwfb/xw_ fbh/moe_ 2069/s7135/s7182/s7184/201302/t20130226_ 147885. html，2013 年 2 月 26 日。

中华人民共和国教育部：《全面改善贫困地区义务教育薄弱学校基本办学条件信息公开公示暂行办法》，http：//www. moe. edu. cn/jyb_ xwfb/xw_ 185694. html，2015 年 2 月 6 日。

后　记

本书是在我硕士学位论文的基础上修改而成，更是我长期关注基础教育领域薄弱学校改造的研究成果。从 2012 年开始我就一直关注薄弱学校的改造问题，期间曾多次深入到不同的薄弱学校进行调研，与薄弱学校的师生进行了各种形式的交流。对于薄弱学校我有着一种特殊的感情。每当看到薄弱学校艰难的处境，尤其是学生不良的学习状态，内心深处总是百感交集，因为这种不良的学习状态不仅仅是学生自身不努力造成的，更多是由于缺乏积极向上的文化氛围与和谐健康的社区环境的支持。可以说，薄弱学校的存在是教育公平目标实现的重要瓶颈，薄弱学校的存在对于义务教育阶段的学生，尤其是农村地区的学生是极为不公平的，他们难以享受到公平而优质的教育。薄弱学校的生存状态及其学生的学习状态应该引起社会各界的共同关注，作为教育研究者，更应该关心现实的教育问题，通过系统而深入的研究找到解决问题的方法。

可喜的是，我国政府部门相继出台一系列的政策来推进薄弱学校改造，促进义务教育均衡发展，薄弱学校改造进行得如火如荼，教育理论界也展开了对薄弱学校及其改造的研究，本书的研究就是在这样一种时代大背景下展开的。本书是江西省教育科学“十三五”规划项目“文化变革视角下薄弱学校改造的个案研究”（项目批准号：18YB031）的研究成果。

本书的出版得到了很多人的帮助，正是他们的关心与支持才使得本研究能够顺利开展。本书得以付梓，首先要感谢我的硕士生导师林天伦教授的指引与鼓励，是林老师的指引才让我开始关注薄弱学校改造问题，在研究的过程中林老师不仅给我提供理论上的指导，还给我介绍了进行调研的学校，使我能够顺利进入薄弱学校展开调研。当我在研究与写作中存在困难，甚至想要放弃时，都是林老师不断地鼓励与鞭策才让我重新鼓起勇气，耐心地完成实践调研与理论研究。其次要感谢个案学校全体师生的共同帮助，让我能够在学校进行访谈与观察，广泛地搜集各种研究资料，尤其是个案学校曾校长的大力支持，她多次接受我的深入访谈，给我讲了很多她个人担任校长的经历以及个案学校发展的历史故事，让我能够从中挖掘许多有用的信息，当我需要相关的研究资料时，校长也通过电话与电子邮件的方式给我提供了许多新的资料，不断丰富本书的研究内容。个案学校校长对于教育事业的热爱与执着也深深地打动了我。再次，还要感谢江西师范大学教育学院院长何齐宗教授以及教育学院同事给我的帮助与支持，他们给我这个新入职的教师提供了很多热心的支持和帮助。最后，还要感谢我的父母和妻儿。他们为我解决了很多的生活问题，让我能够全身心地投入到书稿的写作中。写作近一年来，我手未下过水洗衣服，都由妈妈代劳；未下过厨做饭，都由爸爸承担；我也没有给女儿洗过一次澡，都由爱人负责。每次想到这些，内心都充满愧疚。我想其实不是世界很美好，而是因为有人替你负重前行。感谢父母妻儿的帮助与支持，我才能实现心中所愿，做自己喜欢的事情。

本书是我多年思考和积累的结果，希望能够帮助更多的薄弱学校实现改造，更希望能引起社会各界对于薄弱学校改造的广泛关注，让教育改革的成果为每一所学校和每一位学生所共享。由于时间和能力所限，书中存在的问题与不足还恳请读者批评与指正。感谢为本书出版付出辛劳的中国社会科学出版社的各位编辑，感谢本书责任编辑许琳女士与陈雅慧女士的热情帮助与认真校稿，使本书能够顺利付梓。

邓　亮

2019 年 6 月于南昌